U0666439

高校内部审计研究

李少鹏　著

中国原子能出版社

图书在版编目（CIP）数据

高校内部审计研究 / 李少鹏著. -- 北京：中国原
子能出版社，2021.9（2023.1重印）
ISBN 978 - 7 - 5221 - 1588 - 7

Ⅰ. ①高… Ⅱ. ①李… Ⅲ. ①高等学校 - 内部审计 -
研究 - 中国 Ⅳ. ①F239.66

中国版本图书馆 CIP 数据核字（2021）第 189296 号

高校内部审计研究

出版发行： 中国原子能出版社（北京市海淀区阜成路43号 100048）
责任编辑： 张磊　刘佳
责任印制： 赵明
封面设计： 吕冠超
印　　刷： 河北宝昌佳彩印刷有限公司
经　　销： 全国新华书店
开　　本： 880mm×1230mm　1/32
字　　数： 120 千字
印　　张： 5.5
版　　次： 2021 年 9 月第 1 版　2023 年 1 月第 2 次印刷
书　　号： ISBN 978 - 7 - 5221 - 1588 - 7
定　　价： 45.00元

序 言

随着我国高校办学规模的不断扩大，进入高校的资金量不断增多，高校普遍面临较大的财政风险、财务风险和金融风险。在高校治理中如何通过防范和化解风险，充分发挥内部审计的职能，实现对风险的有效管控是当前我国高校迫切需要解决的现实问题。

作者在广东医科大学从事审计工作十多年，亲眼见证了我国高校内部审计从弱到强的发展历程。在这十多年间，作者以工作中的亲身经历，结合高校实际，先后撰写了十多篇专业论文并在国家级和省部级专业期刊上发表。

本书在现有研究的基础上，以问题为导向，基于内部控制的视角，将风险管理的理念贯穿全书。研究内容涉及高校内部审计的方方面面，如高校领导干部任期经济责任审计、以风险为导向的管理审计和高校内部审计队伍建设等。

本书通过对高校内部管理制度和工作流程进行梳理，对高校经济活动的重要领域和关键环节中存在的问题进行深入探讨，进而提出应对措施，旨在堵塞漏洞，防范和化解风险，助力高校优化内部管理并形成良好的发展态势。

由于时间仓促和本人的水平有限，错漏在所难免，敬请谅解和指正。

目 录

第一部分 实务篇

第二部分　风险篇

第一部分 实务篇

第一章
基于内控视角下的高校内部审计案例剖析

第一节　概述

高校内部控制制度的建立健全和有效实施，是高校治理的难点，也是我国建设现代高水平大学的必由之路。针对高校治理中出现的各种风险，本文依据当前高校实际，尝试通过实际审计案例深入剖析风险的成因，结合相关理论的研究，进而提出应对措施，旨在堵塞漏洞，防范和化解风险，完善内部控制制度，助力高校优化内部管理并形成良好的发展态势。

我国高校和现代高水平大学接轨，就必然要进行一系列的改革，包括人事管理制度改革、人才培养模式改革、学科和科研管理模式改革、资源配置方式改革等。高校一系列改革的推行，势必面临种种风险，因此必须对这些风险进行防控，做到事前预警、事中识别和事后评估。内部审计的固有属性，决定了内部审计必须肩负起监督、评价和建议的职责，通过开展经济责任审计、绩效审计、内部控制审计等，在实际工作中及时发现学校内部控制管理的薄弱环节；通过制度和流程的梳理与设计，达到防范和化解风险的目的，这也是内部审计的本质要求。

内部控制审计是现代内部审计的基础与核心，在内部审计中有着突出的重要的位置。高校内部控制审计无论是单独进行还是结合其他项目进行，都是高校内部审计的基础[1]。本章运用文献查询法分析近年来高校内部审计的理论研究成果，分析显示相关研究论文的发表逐年增多，截至 2020 年 11 月共计4036 篇，但关于高校内部控制审计案例方面的研究论文仅占1.9%。本章从高校内部控制视角分析相关审计案例，探讨风险防范的应对措施。

第二节　文献综述

高校内部控制的研究主要体现在以下几方面。

一、对高校内部控制存在的主要问题和应对措施研究

近年来国内学者通过分析高校内部控制中存在的问题、剖析风险的成因，相继提出了应对措施。吴素花、邱兴玉（2013）、解玮（2015）、张国红（2016）、张佩佩（2018）认为，现阶段部分高校负责人对高校内部控制的建立健全不够重

视，未能认识到高校内部控制管理是一项需要全员参与的系统工程，如果没有给予制定内部控制制度的部门足够的支持，没有配备充足的人员和资金对该项工作进行实施，并认为内部控制建设只是少数部门的事情，高校普遍对内部控制的重视程度不足，内部控制制度建设存在较大漏洞，风险节点未能得到有效管控，内部控制制度有效实施的力度明显不足，对一些重大事项缺少风险预判和科学决策，在高校治理中未能充分发挥内部审计的职能等。针对以上问题他们提出了一些应对措施，如发挥内部审计的作用、改善内部控制环境、重视内部控制制度建设，关注重点领域关键环节风险节点的防控等。吴小玲（2019）认为，在实际的高校内部控制制度建设中，各高校对内部控制制度的重视程度不一样。教育部直属高校作为全国高校的排头兵，在教育部的直接要求下，大多成立了专门的工作职能部门，聘请第三方机构（如会计师事务所），召集大量人力物力开展内部控制建设。如地方的一般本科院校，由于内部控制文件来自财政部门，学校"一把手"签批由分管财务的副校长负责，财务处牵头，工作小组挂靠财务处，开展内部控制建设，既无专职工作人员，也无专业工作人员，在没有成熟案例的情况下，摸着石头过河，内部控制建设的效果可想而知[2]。

二、对高校内部控制制度主要内容的研究

在内部控制环境方面，庞长兰、刘建群（2015）认为，应加强高校文化建设，创建有利于内部控制建立健全和有效实施

的人文环境，强调员工的综合素质在学校内部控制建设中的重要性，在高校治理中应充分发挥人的作用；在风险管理方面，徐静、张荣中（2017）认为，高校在财务预算管理、科研管理、学科建设、资产管理和合同管理等方面均存在风险点，这些风险点分布在学校各个部门，应建立多部门联动机制，在工作中形成合力，全面梳理制度流程并建立长效机制加以防范；在内部控制评价方面，杜万波、胡学莲（2018）认为，高校应根据自身实际，坚持风险导向性原则，对学校的预算管理、物资采购、基建工程、科研经费管理等方面制订出科学合理的综合评价指标，对内部控制有效性作出评价。

麻东锋（2015）认为，一方面应在广度上扩大内部控制审计范围覆盖面。应突破传统以项目为单位、围绕账簿审数字的内部审计工作，偏重财产安全的防护性审计，实行涵盖单位层面内部控制的组织、建设，完善关键岗位设置、财务信息以及业务层面预算、收支、资产、采购等内容的内部控制审计。站在治理和管理的高度，联系内部控制的整体框架，梳理高校整体及教学、科研、财务、后勤等部门的业务流程，明确业务环节，围绕内部控制的五要素，审查和评价控制体系的健全性、有效性，关注内部控制存在的缺陷，识别和评估存在的风险，指出可能发生的消极影响，及时提出可行的审计建议。另一方面应在深度上渗透到内部控制的各个环节。内部控制审计不能仅停留在发挥监督评价作用的层面上，应以查错纠弊的事后审计方式对内部控制的健全有效性发表审计意见，提出审计建议，更要以内部控制设计者、风险管理与应对者的身份主动参与和融入学校管理全过程，采取实时审计、过程审计的方式，在事前和事中及时介入，对高校存在的较高的办学风险如财务管理风险、基本建设风险、政府采购风险等进行预警；对于业务流程设计、内部管理存在的漏洞等问题加以识别并提出可行性意见和建议，对于内部控制的流程再造提供咨询服务[3]。

三、对高校财务风险控制的研究

王卫星、赵刚（2019）认为，高校财务管理在货币资金、实物资产、会计核算、筹集资金、基建工程和对外投资等方面均存在风险，监督机制不健全，未能充分发挥内部审计对财务核算内部控制的监督作用，普遍存在对风险的危害认识不足，应充分重视和加强监督防控力度。另外，联合监督的力度不足，未能形成多部门联合监督机制，在实际工作中未能形成合力。麻东锋（2015）认为，内部控制审计要特别关注风险评估要素的审计，根据管理目标，关注高校整体层面或各部门、各学院对影响主要目标实现的风险事项是否已识别并评估其发生的可能性及影响，是否对识别出来的风险，依据评估的风险发生的可能性及影响作出规避、转移或控制等风险回应措施；风险评估报告是否全面、中肯、客观地评估和分析风险[3]。

四、对高校内部控制制度建设的研究

郑萍、王卓、王雪峰（2019）认为，高校内部控制制度整

体水平还比较低，对高校治理中出现的风险认识不足，对重点
领域和关键环节的防控不到位，未能制定出行之有效的内部控
制制度，对此高校应引起足够的重视，应充分利用高校自身和
社会审计的力量，根据自身实际，制定出行之有效的内部控制
制度。朱军武（2015）认为，高校应严格落实各项内部控制制
度，加强自身内部控制制度，建立健全授权审批制度和岗位分
离控制制度等，积极落实内部控制领导责任制、日常管理机制
和监督考核机制，对重大决策、重大事项、重要交易以及大额
资金等实行集体决策审批制度[4]。

五、对问责制和内部控制的研究

宁宏茹、孙红梅（2019）认为，和国外高校比较，我国高
校在问责制的应用方面还比较薄弱，主要表现在问责制不完善
和问责制的执行力度不足。高校内部控制制度应引入问责制，
责任应落实到单位负责人，建立完善的奖惩制度，树立内部控
制全员参与的观念，从而使问责制深入人心，助力高校内部控
制制度的实施和高校治理的真正实现。

第三节　高校内部控制研究的理论审视

一、相关概念的界定

（一）风险

什么是风险？对于风险，我们有多种理解，一种观点以组

织目标为基础来认知风险，认为风险是在一定环境下和一定期限内客观存在的、影响组织目标实现的各种不确定性事项，或者说，风险就是指在一个特定的时间内和一定的环境条件下、人们所期望的目标与实际结果之间的差异程度。这种风险观强调组织目标，可以从影响组织实现的因素这个视角来认知风险，也可以从组织目标实现的偏差这个视角来认知风险，前者关注的是原因，后者关注的是结果[5]。

《辞海》是这样描述风险的：风险是指人们在生产建设和日常生活中遭受能导致人身伤亡、财产损失及其他经济损失的自然灾害、意外事故和其他不可预测事件的可能性[6]。英国牛津字典（《新帕尔格雷夫货币金融大辞典》）将风险描述为"出现不良后果的可能性"[7]。

一般意义上讲，风险因子、风险事故、风险结果是风险的有机组成部分。风险因子是指引起或增加风险事件发生的现实主客观条件，如社会经济水平、政治环境、道德状况、公司治理、制度规范、修养素质、行为活动以及其他不确定性的因素。风险事故是引发损失的条件，是风险缺失的触发器，能导致潜在风险转为现实的损失。风险结果是风险的后果，即风险损失，既包括可计量、可测定的直接损失，也包括由风险导致的间接损失。当风险因子的能量累积到一定程度，遇到适宜的条件，就可能引发风险事故，风险事故有导致损失的可能。风险存在于事物发展的起始直到结束的全过程，因此风险的防范与控制属于管理的范畴[8]。

（二）高校内部审计与内部控制

中国内部审计协会将高校内部审计定义为：高等学校内部审计机构和人员对学校与资源利用有关的业务活动及其内部控制的适当性、合法性和有效性方面的审查，并予以确认、评价和咨询，旨在完善管理控制、防范风险、创造效益，从而促进学校事业目标的实现。《行政事业单位内部控制规范（试行）》对内部控制的定义：单位为实现控制目标，通过制定制度、实施措施和执行程序，对经济活动的风险进行防范和管控。高校内部控制审计的内容主要包括对教学管理、科研管理、财务管理、资产管理、采购管理等活动中内部控制制度的健全性、有效性进行的确认和咨询。内部控制措施主要有不相容岗位相分离、内部授权审批控制、归口管理、预算管理、财产保护管理、会计控制、单据控制、信息内部公开等。

（三）高校内部审计与内部控制关系的界定

根据《内部审计实务指南第 4 号——高校内部审计》，高校内部控制是为了保证学校的资产安全、会计信息真实及遵守相关法律法规而制订与实施的一系列控制方法和业务程序。高校的内部控制是一个业务流程，主要由控制环境、风险管理、控制活动、信息与沟通、监督等要素组成。评估高校内部控制，就是评估高校内部控制流程。在这个流程中监督要素是保证，只有持续有效地监督才能确保内部控制持续有效的运行，而这个监督要素就包含内部审计。同时，高校内部审计是对学校与资源利用有关的业务及其内部控制进行确认、评价和咨询的活动。高校内部审计的职能包括动态监督职能、管理控制职能和决策服务职能。高校内部审计动态监督的主要目标就是根据环境的变化对内部控制实施持续有效的实时评价，以促进高校完善管理控制。因此高校的内部审计是内部控制监督体系的重要组成部分，与内部控制的其他要素相比具有自身的独立性。内部审计通过对内部控制制度的建立及执行情况进行评价来体现对内部控制的再控制[9]。

（四）高校内部控制审计的主要内容

1. 业务流程、处理手续、业务记录和检查标准等内部控制建立的适当性。

2. 目标控制、授权控制、不相容职务分离控制、资产和记录接近控制等内部控制方式的正确性。

3. 财产物资控制、会计信息控制、财务收支控制、管理决策控制、经济效益控制、管理目标控制等内部控制内容的完整性。

4. 内部控制执行的有效性[10]。

人的有限理性和利己动机的驱使，将导致高校治理中出现各种风险，有内部风险也有外部风险，有一般风险也有重大风险。近年来高校腐败案件频发证实了因风险引发事故的客观存在，形势较为严峻。本文结合相关理论，尝试通过对真实案例的剖析来，挖掘和印证潜在的风险，进而采取措施防范和化解风险。

第四节 高校内部控制方面的缺陷剖析

一、高校工程建设审计方面的案例

【案例1】2019 年某审计组对 G 大学一个已完工的造价近 2 亿元的办公大楼工程项目进行审计时，发现该工程项目的 100 多项工程变更签证单均没有预算金额，也没有经学校主管领导审批；随后通过核查报表发现变更总金额达 200 多万元，也就是说，这些工程变更在施工过程中没有经过学校集体讨论，学校领导在整个施工过程并不知道此事。经过内部控制审计，发现该校没有制定关于基建工程变更方面的规章制度，从审计的角度来看，这属于内部控制的重大缺陷。此案例反映出学校领导对基建工程建设存在的风险认识不足，对基建工程领域的风险防控能力不强；同时也由于缺乏基建人才，学校对建设工程施工的业务流程不熟悉，不能准确确定工程建设中的重要风险点，未能制定出行之有效的规章制度来对该风险进行控制和防范，应对风险的策略失衡，使学校的基本建设资金面临巨大风险。

剖析上述案例，发现该校面临以下三方面风险。

（一）因学校领导对建筑工程变更不知情，高校面临风险意识不强的风险

建筑工程的变更签证是工程施工中十分重要的一环，工程低价中标高价结算问题往往出现在工程变更签证上。上述案例中，100多项工程变更总金额达200多万元但没有预算和校级主管领导签字把关，反映学校领导内部控制的风险防控意识不强。吴小玲（2019）认为，内部控制是"一把手"工程，"一把手"的重视与否，直接关系到内部控制建设的成败。高校内部控制建设的过程，无论是前期调研，还是中期的流程再造，抑或是后期流程信息化，都需要学校绝大部分职能部门的参与，而较好地构建内部控制体系往往需要几年的时间，这么一个庞大的工程，没有"一把手"的重视，根本无法完成[2]。

（二）因未对工程变更签证进行规范，高校面临制度不够健全的风险

工程建设中存在一些无法预见的因素致使在图纸设计阶段无法将所有的设计细节都完全确定下来，只能在施工过程中对一些施工细节进行变更，这是施工中常见的现象。正是因为这种不确定性，有的施工单位利用建设单位制度上的漏洞或监管不严在工程招投标阶段便预先设计好在施工阶段进行大量变更。他们在投标文件中故意压低工程建设造价，以提高其中标的概率，待中标后，在施工阶段进行大量的工程变更，最后的结果是低价中标高价结算。上述案例中100多项工程变更便是一个

典型的例子，这种人为因素造成的变更危害极大，施工单位正是利用了学校制度上没有对施工工程变更这一重要环节进行规范和控制的漏洞，将学校基建工程建设资金置于巨大的风险之中。

（三）因复合型内部审计人才匮乏，高校面临无法揭示问题的风险

内部审计是一项综合性强、要求高且业务较为复杂的工作，这就要求内部审计人员不仅要具备经济、会计、审计、工程、管理和法律等方面的知识和技能，还必须熟练掌握计算机应用技术。在实际工作中，内部审计人员还必须具备良好的沟通能力、语言和文字表达能力、综合分析能力、职业判断能力和专业胜任能力。当前高校十分缺乏这类复合型内部审计人才，如何培养和引进这类复合型人才，已经成为制约高校内部审计事业发展的瓶颈。

二、高校财务核算审计方面的案例

【案例 2】2018 年某审计组对 G 大学进行内部控制审计时，从该校的科目余额表中发现：2017 年初长期借款（贷款）余额 3000 多万元，2017 年末还贷准备金余额 3000 多万元，从两者的比例看，初步估算是其账务处理出了问题；进一步延伸审计了以往年度的科目余额表，发现自 2015 年开始该校财务部门就未能正确处理这项业务，因错误地计提和补提还贷准备金，导致 2017 年末学校还贷准备金已累积至 3000 多万元。正确的账

务处理是在 2018 年初冲减还贷准备金至贷款余额的 5%，即余额应只有 100 多万元。

剖析上述案例，发现该校面临以下三方面风险。

（一）因对上级文件理解不透，高校面临能力欠缺的风险

为了防范贷款风险、强化风险意识，每年年初高校应按照上年末的贷款余额 3%~5% 预留还贷准备金，按高校财务制度要求，办理该项业务要经过制单、记账、复核、主管审核等多重程序。在上述案例中，该校财务部门多年来未能正确核算还贷准备金，反映出财务人员基本功不够扎实；多年来内审人员对学校财务进行过多次审计，也未能发现问题，反映出内审人员综合素质不强，缺乏职业判断能力和专业胜任能力。由于能力不足，财务、内审人员未能发现高校治理中存在的权力运行、预算管理、资源配置和使用等方面的问题，给学校各项事业的发展留下了隐患。

（二）因未能贯彻上级的文件精神，高校面临制度不健全的风险

在上述案例中，该校财务部门多年来未能正确核算还贷准备金，没有区分预留和计提的差别，每年都按上年年末贷款余额计提还贷准备金，导致虚增成本 3000 多万元，会计信息严重失真。通过内部控制审计，发现财务部门没有根据上级的文件精神制定出符合本校实际的还贷准备金管理制度，致使财务人

员一旦出现对上级文件理解的偏差，就会在财务处理中出现重大失误，形成本可避免的财务风险。

（三）因信息系统未能提前发出预警，高校面临信息化建设水平不高的风险

在上述案例中，2017 年初贷款余额是 3000 多万元，2017 年末还贷准备金余额也是 3000 多万元，显然还贷准备金余额数据是十分异常的，如果财务部门或者审计部门信息化建设程度高，安装使用专门的财务软件或审计软件，软件系统对一些异常的数据会发出预警，就不会发生多年来的还贷准备金核算错误。从这个案例可以看出，该校财务、审计部门的信息化建设水平相当低，连基本的财务、审计软件系统都没有，和当前的大数据云计算的信息化程度相去甚远。孙昕（2020）认为，地方高校各部门之间的信息系统衔接不畅，整体的信息化建设不完善，直接影响到高校内部控制实施的效力和效果。高校内部信息的融合度不够，就无法为高校管理者提供有用的信息，为其决策提供有力的支持[11]。

三、高校合同管理方面的案例

【案例3】2018 年某审计组对 G 高校进行内部控制审计时发现，该校的合同管理存在较大漏洞，主要表现在合同签章方面存在较大的随意性。

合同是一种约定双方权利和义务的重要法律文书，只有单位的法定代表人签章或法定代表人授权签章，合同才具有法定

效力。但笔者发现目前高校普遍存在对外合同的签章很不规范，有未经授权由部门负责人签字的，也有未经授权只有经办人签字的，所盖印章也不是单位的公章而是部门的印章，反映出高校普遍存在法律意识淡薄、法律知识欠缺的情况，在实际工作中未能依照国家的法律法规和学校的规章制度办理相关业务，所签订的合同不具法律效力，也就是该合同不能维护学校的合法权益，学校的合法权益处于巨大的风险之中。

第五节　高校防范风险的应对措施

一、与时俱进，领导重视内部控制建设

高校的基建工程具有资金量大、建设工期长且专业性强的特点，一个项目的工程造价往往数千万元甚至数亿元，因此是高校预防腐败的重点领域，是杜绝高校成为腐败重灾区的焦点。如何实现把权力关在制度的笼子里，有效防范舞弊和预防腐败，实现风险的有效管控显得十分迫切。内部控制制度的制订和实施，是学校的"一把手"工程，《教育部关于做好〈行政事业单位内部控制规范（试行）〉实施工作的通知》要求，各单位负责人要对本单位内部控制制度的建立健全和有效实施负责。学校领导应重视内部控制建设，重视内部审计，配备经验丰富的内部审计人员和审计装备，并为内部审计人员创造良好、宽松的内部审计环境，使内部审计人员能够依据事实，独立开展审计工作，全面、准确搜集审计证据和出具客观、公正的审计报告。

二、严格把关，建立良好的内部控制系统

张佳春（2017）认为，高校建立良好的内部控制系统，是做好内部控制管理和强化内部控制工作的保证。首先，完善学校内部控制制度，强化由上而下的内部控制执行规程和意识，从思想上重视内部控制。其次，建立高效的风险预警系统，防范重大风险。根据本校实际情况和工作经验梳理各项经济活动的风险易发点，将其纳入风险预警系统中，进行事前预警、事中识别和事后评估，对风险进行有效的预防和控制。再次，建立合理合法的预算控制制度。这不仅是对学校年度、季度预算的编制和实施的过程控制，更是对预算规划的分配细化、执行授权、执行监督、盈亏弥补、业绩评价等各个重要环节的具体控制[12]。

三、加强学习，努力增强法律意识

第四节的案例3为合同管理案例，反映出高校普遍存在法律意识不强。学校要依据法律法规建立健全教育教学制度，保障国家教育方针的贯彻落实；要增强法律意识，树立依法治校的观念，依法健全校内管理体制。国家举办的高等学校要依法实行党委领导下的校长负责制，明确学校党委、校长、校务委员会、学术委员会等各种机构的职责权限和议事规则，做到相互配合、权责统一、依法办事；中等以下学校要依法健全校长负责制，完善校长决策程序，并发挥学校党组织的政治保障作用。民办学校和中外合作举办的教育机构要按照《民办教育促进法》《中外合作办学条例》及国家有关规定规范办学行为，

建立健全校董会、理事会或者其他决策机构的议事规则，规范决策程序。要保证学校的发展规划、章程、管理制度、对外签订的民事合同等符合法律的规定；完善学校内部财务、资产管理制度，严格执行国家有关收费的规定，健全监督机制，依法管理好学校法人财产。对违反法律、法规规定的学校管理制度和规定，要及时修改或者立即废止。

四、深耕细作，提升人员综合素质

第四节的案例 2 反映出相关内部审计人员业务基本功不够扎实，能力欠缺，所以要进一步强化内部审计人员的责任意识，加强业务培训，促进业务能力提升。一是选派内部审计人员参与国家审计和社会审计。国家审计十分强调证据的收集，证据收集的过程是"坐实"证据的过程，参与国家审计能提高内部审计人员编制审计工作底稿的科学性、规范性和可靠性，使审计工作底稿能真实反映事实真相，使审计人员养成严谨的工作作风，学到分析问题和解决问题的方法，从而提升审计人员的专业素养和专业胜任能力。二是经常选派人员参与内审协会举办的各类审计培训班，统筹学校内审业务培训工作，坚持缺什么及时补什么，做到持之以恒和有的放矢。三是鼓励员工积极申报专业职称，积极报考会计师、审计师和工程师等专业技术认证，鼓励个人报考多项认证，成为适应时代发展要求的复合型人才。

五、抓住机遇，加快信息化步伐

2018 年 5 月 23 日习近平主持召开中央审计委员会第一次会

议强调：要坚持科技强审，加强审计信息化建设。一是要落实好《教育部关于推进直属高校内部审计信息化建设的意见》，切实将信息化建设成果转化为实实在在的审计能力。二是秉持科技强审理念，为内部审计信息化建设创造优良的发展环境。三是建立内部审计管理平台，将传统的内部收支审计转化为以风险管理为基础的风险导向审计[13]。

六、全员参与，增强整体防控意识

当前，高校面临重大的历史机遇，同时面临不少的风险挑战，有外部风险也有内部风险，有一般风险也有重大风险，前进的道路并不平坦，诸多矛盾叠加，风险隐患增多，挑战依然严峻复杂。风险节点的确定和管控，不仅考验着领导干部的智慧，更是一项需要全员参与的系统工程。近年来高校发生的腐败案件，已经严重损害了高校的事业发展和社会声誉，损害了高校领导干部的威信和形象，教训是深刻的，应警钟长鸣，应不断增强风险意识，将风险防范意识贯穿学校工作全过程。

高校内部审计经过多年的积淀和发展，已经从查错纠弊的财务审计向以风险为导向的管理审计方向演变，单位内部管理、面临的风险和绩效将是今后内部审计关注的重点和主业。审计的广度和深度也发生了深刻的变化，对内部审计人员专业能力的要求提到了前所未有的高度。高校内部控制建设是"一把手"工程，内容涉及高校内部管理的方方面面，如何通过流程和制度的梳理与设计，使内部审计的职能得以充分发挥，从而实现风险节点的有效管控和内部控制的逐步完善，是当前乃至今后一段时间内都必须思考的重大课题。

第二章
高校经济责任审计

第一节　概述

　　本章以事实为依据，从高校实际出发，通过调查了解和访问网站，对各高校近年来开展的领导干部任期经济责任审计进行深入研究，对目前高校经济责任审计普遍存在的问题进行深入剖析，进而提出应对措施，充分发挥高校内部审计职能，从而提高高校经济责任审计的质量。

　　经济责任审计是在财务收支审计的基础上对领导干部任职期间履职情况进行评价的具有中国特色的人格化审计类型[1]。通常情况下，高校审计处接受组织部的委托，对高校主持工作一年以上、掌握一定权力的中层领导干部实施经济责任审计，这对加强党风廉政建设、促进领导干部提高管理水平和健全内部体制机制具有促进作用。新修订的《审计署关于内部审计工

作的规定》（审计署令第 11 号）已于 2018 年 3 月 1 日起实施，
这标志着新时代内部审计工作开启了新征程，高校内部审计必
须对公共资金、国有资产、国有资源和领导干部履行经济责任
情况进行全面审计，从而实现对领导干部经济责任审计的全
覆盖。

本章针对高校普遍存在的问题，采取调查了解和访问网站
等方式，对广东省 15 所高校的内部审计机构进行了解，对普遍
存在的问题进行深入剖析，进而提出应对措施。

第二节　存在的问题及原因

一、经济责任审计评价标准尚未统一

多年来对高校领导干部经济责任审计的评价一直没有标准
的指标体系，就此问题也进行过认真的讨论。实践中，高校通
常根据具体情况，对领导干部任职期间的经济责任如经费使用、
财务管理、资产管理以及完成教学、科研、管理任务等方面作
出客观评价，由于领导干部在任前没有明确其经济目标，没有
给予量化的指标，所以事后的评价往往显得力不从心。

二、审计滞后，审计结果没有得到充分应用

领导干部经济责任审计的目的是加强对领导干部的管理和
监督，促进领导干部勤政廉政，全面履行岗位职责，为组织、

人事部门考察任用干部提供参考依据。在实际工作中,尽管已经注意转换思路,加大了任期审计的力度,把审计关口前移,但在实际工作中审计往往还是滞后的和被动的,通常是干部已经到位,审计结果还没有出来。虽然我们一直强调审计结果的应用,但事实上审计结果与领导干部的任用没有很好地联系起来。因此,经济责任审计结果的作用得不到有效的发挥,对审计意见建议的整改也没有得到很好的落实。

三、经济责任审计计划与临时审计任务的矛盾时有发生

根据学校经济责任审计工作领导小组的要求,审计处应在四年一个聘任周期内有计划地安排经济责任审计计划,但在实际工作中,审计计划往往得不到很好的落实,一方面因为是审计计划与审计人手之间不匹配,另一方面是因为临时审计任务往往打乱审计计划。审计处为了完成学校安排的突发任务,不得不经常改变计划;同时,这些突发任务一般比较急,通常要求在很短的时间内完成,审计时间受到限制,审计质量难以保证。

四、组织机构不合理,人员综合素质低下

(一) 内部审计独立性不强,难以独立开展审计工作

内部审计人员依据客观事实,独立开展审计工作,出具客观公正的审计报告,是内部审计的本质要求。而在这15所高校

中，有的高校没有独立设置审计机构，有的高校审计机构和纪检监察合署办公，有的高校审计机构在纪委或财务处的领导下开展工作，其独立性大打折扣，内部审计的职能难以得到发挥，审计机构成了一种摆设。

（二）审计力量不足，审计质量不高

从调查的结果看，高校内部审计力量薄弱，有些高校的审计处处长是从别的部门轮岗到审计处的，完全不具备职业胜任能力；有些高校的审计人员是从别的科室调整过来的，专业能力不足；有些高校忽略了内部审计专业性强的特点，对审计人员进行行政化管理，只开通行政晋升通道，无视专业技术晋升通道，这种晋升模式大大挫伤了审计人员往专业化发展的积极性，造成内部审计力量薄弱；有些高校连一些如财务收支等基本的审计工作都难以完成，更谈不上开展如经济效益审计等大型的审计项目，情况堪忧。

五、审计程序不完善，未能执行联席会议制度

目前，大多数高校都建立了联席会议制度，但未能很好地将制度贯彻落实。《第 2205 号内部审计具体准则经济责任审计》中明确规定，经济责任审计应当有计划地进行，一般由干部管理部门书面委托内部审计机构负责实施。内部审计机构应当结合干部管理部门提出的年度委托建议，拟定年度经济责任审计计划，报请主管领导批准后，纳入年度审计计划并组织实

施。组织可以结合实际，建立经济责任审计工作联席会议制度，负责经济责任审计的委托和其他重大经济责任事项的审定[2]。而目前的情况往往是审计部门临时受命，或者是领导干部离任已超过一年了才启动审计程序，或者是领导干部换届后才匆匆审计，由于时间过于仓促或者领导干部离任时间过长，造成审计的效果并不理想。

六、不重视后续审计，审计效果难以发挥

目前高校职能部门普遍存在对审计查出来的问题不够重视，未能深入剖析问题的成因，未能从本部门的内部控制的薄弱环节查找原因，而是推诿扯皮，找各种理由为自身开脱。有些部门十分清楚自身问题出在哪里，但出于怕麻烦、怕承担责任和怕得罪人等心理，对审计提出的整改方案十分抗拒，审计报告被束之高阁。审计部门在问题落实整改上也不能到位，未能下大力气对查出来的问题跟踪落实，结果造成高校普遍存在就事论事多、账面调整多、承诺整改多，互相警示少的"三多一少"现象[3]。后续审计不力，既降低了内部审计的权威性，达不到应有的审计效果，又浪费了审计资源。

第三节 应采取的对策

一、加强组织领导，明确重点

首先是始终把干部监督和经济责任审计工作作为党风廉政

建设、领导班子思想政治建设和高素质干部队伍建设的一项重要内容，每年列入党委年度工作重点；其次是确定"党委领导、组织部门负责、审计部门组织实施"的工作原则，切实把中央、省级、市级对经济责任审计工作的要求落到实处；最后是把经济责任审计工作列入重要议事日程，每年年初明确审计重点，由经济责任审计工作联席会议提出审计计划，报党委审批后实施。

二、加强协调、密切配合，充分发挥联席会议的作用

经济责任审计工作是一项涉及多部门的工作，党委通过建立联席会议制度，有效地整合干部监督和经济责任审计工作的资源，加强各有关职能部门的协调配合，避免低水平的重复，形成工作合力。

（一）有效发挥联席会议的信息沟通作用

在党委领导的牵头下，组织部门、纪检监察部门、审计部门作为联席会议的组成部门，通过联席会议，定期召开会议，听取审计工作汇报，研究解决工作中遇到的困难，做到信息有效沟通，工作富有针对性，有的放矢地确定审计重点。实践证明，经济责任审计工作联席会议的建立，为开发干部监督信息资源搭建了一个很好的平台。

（二）有效发挥联席会议的协调配合作用

根据联席会议分工，各组成部门在职能上各有侧重，在作

用上互相衔接和补充,部门间做到各司其职、各负其责,同时做到分工不分家,以形成合力。应突出重点,改进方法,正确运用审计成果,及时调整用人计划,为培养、使用好干部提供依据。

(三) 有效发挥联席会议的宏观指导作用

联席会议每年对遇到的新情况、新问题进行研究分析,提出整改意见和建议,在审计立项、审计程序、审计内容、审计方法等方面不断调整。通过对领导干部进行经济责任审计,可对基层开展各项工作起到较好的示范、指导作用。

三、狠抓落实,务求实效

始终坚持"积极稳妥、量力而行、提高质量、防范风险"的十六字工作方针,充分发挥审计作为经济社会运行的"免疫系统"功能和建设性作用,树立科学审计理念,铸牢审计根基,通过对领导干部任期经济责任履行情况的监督与评价来防范风险、完善制度、加强管理、提高效益,促进领导干部廉洁自律、奉公守法、认真履行职责。

(一) 合理确定审计项目,抓住经济责任审计工作重点

高校应以财务收支的真实、合法、效益为基础,首先是重点审计领导干部任期内的资产管理、使用和保值增值情况,重

大建设项目投资情况和效果，财务和资产管理等内部控制制度的建立和执行情况，领导干部自身遵守财经法规的情况等。其次是重点检查领导干部有无滥用职权，违反规定程序作出重大决策，给国家造成重大损失；有无收受贿赂、获得其他非法收入或侵占国家财产等违法违纪问题。最后是重点关注领导干部任职期间对本单位经济工作和财政、财务管理方面存在的问题以及应承担的经济责任

（二）合理安排审计时间，做好经济责任审计工作与领导干部配合工作的衔接

首先是根据干部任职期限，新上岗的领导干部在任期内，凡任职满 2 年的，有计划地安排经济责任审计；连续任职 4 年的，任期内至少要进行 1 至 2 次经济责任审计。其次是对任职届满退休、退线或有调整意向的领导干部及时安排审计，明确经济责任，使领导干部离任不交马虎账、上任不接糊涂班。建立领导干部经济责任台账，及时记录经济责任开展年限。经常与审计处保持沟通，按审计计划有序开展审计工作，避免在审计安排上出现重复。

（三）规范审计程序，不断宣传经济责任审计工作的目的和意义

首先是认真制订审计工作方案。结合各被审计单位具体的审前调查情况制订切实可行的实施方案，有的放矢地实施审计。

其次是开好审计进点会。组织被审计单位党委书记、现任领导、被审计领导、分管领导及有关部门（组织部门、纪检监察部门、人财物部门等）参加审计进点会，组织部门在会上宣读审计委托书，审计部门在会上说明审计范围、重点内容和审计工作总体安排等，明确审计目的。最后是开好审计结果反馈会。审计报告基本完成后，在审计进点会的基础上召开反馈会，在会上审计部门向审计对象认真解读审计报告，结合上级文件和审计中发现的问题进行详细讲解，既可起到宣传培训作用，又有利于被审计单位落实整改措施。实践证明，通过审计进点会和反馈会的沟通和讲解，各级领导干部对经济责任审计工作在思想上易达成共识，对经济责任审计工作目的的认识更清晰，认为不是"找茬""挑刺""给领导难堪"，而是为单位加强管理以及进行"免疫系统"建设。

（四）注重工作质量，不断提高经济责任审计工作能力和水平

质量是审计工作的生命线，提高经济责任审计质量，必须遵守审计准则和相关审计制度的规定，加强审计项目管理，严格执行审计程序，建立健全审计准备阶段、审计实施阶段、审计报告阶段全过程质量控制体系，完善审计项目复核制度和审计责任追究制度。首先是要求在经济责任审计报告中，对所有列出的审计问题必须对应所参照的具体制度条文，这样既有利于明确问题的性质，也便于审计整改；其次是充分利用社会审

计资源，选择资质好的社会审计机构参与经济责任审计工作。为了确保经济责任审计工作质量，可委托社会审计机构参与审计工作，采取邀请参会的方式，对各社会审计机构的资质、注册会计师的人数、以往审计工作案例、社会声誉、收费价格、承诺的服务等方面进行评标，择优选用，确保审计机构选择的公开、透明。

（五）把完成教学、科研、管理学科建设等方面的任务作为评价内容

在没有建立统一的经济责任审计评价标准体系时，领导干部在任职期内完成教学、科研、管理、学科建设等方面的任务应作为审计评价的内容，因为这是表明其管理和经费使用后取得的成果，是体现经费使用效益的，所以应作为评价内容。

四、完善机构设置，增强审计队伍战斗力

健全机构设置，保证审计的独立。高校独立开展审计工作，是内部审计的本质要求。学校各级领导要充分重视审计工作，在校长的直接领导下开展工作。学校领导应帮助审计部门树立威信，配备足够的审计设备，创造相对良好、宽松的审计环境，让高校内部审计人员独立开展工作，只有这样才能对审计事项作出客观的判断，才能出具客观公正的审计报告。由于财务和审计的不相容特性，主管审计工作的校领导不应同时主管财务工作，从而最大限度地保证审计部门不受约束和干扰，独立开

展审计工作，更好地发挥内部审计的职能。

加强审计队伍建设，提高审计人员的综合素质。内部审计是一项专业性强、要求高且业务比较复杂的工作，客观上要求审计人员不仅要具备会计、审计、经济、金融、法律及基建工程等方面的知识和技能，还必须熟练掌握计算机应用技术，这对复合型人才提出了很高要求。只有具备了会计师、经济师、审计师、工程师等资格认证和具有丰富实践经验的审计人员，才具备审计职业胜任能力，才能满足内部审计的工作需要[4]。

五、制订评价指标体系，建立健全联席会议制度，合力做好审计工作

高校应该重视经济责任审计的特点，制订相应的评价指标体系。这里的"经济责任"是指被审计的领导干部基于特定职务而应履行、承担的与经济相关的职责和义务[5]。经济责任审计的基础是财务收支审计，但并不是只要求关注财务收支的真实性和合法性、只关注财务状况、只关注经济收益，而是将重点放在领导干部应履行的职责和义务上。由于被审计对象十分多元，不存在普遍适用的评价指标体系，应根据各单位的实际情况，有针对性地制订可量化的评价指标体系，只有这样，出具的审计报告才有参考和利用价值。

在组成联席会议的部门中，组织部门主要负责制订经济责任审计计划，有效地使用审计结果；纪检监察部门主要监督经济责任审计计划的执行，负责对审计发现的领导干部违反党纪、

政纪等问题进行处理；审计部门主要负责组织实施经济责任审计，并在学校授权范围内对审计查出的被审计领导干部所在单位违反财经法规行为依法进行处理、处罚。在实际工作中，各部门应发挥自身优势，相互紧密配合，建立联动机制，这样才能形成合力，才能充分发挥联席会议制度在项目选定、程序推进、成果利用和落实整改等方面的优势。

六、在经济责任审计中要做到三个结合

（一）财务收支审计与经济责任审计相结合

高校大部分院、职能部门经济活动频繁，资金量大，如果计划安排进行财务收支审计，那么第二年一般不安排经济责任审计。在经济责任审计过程中，审计处应以财务收支审计为基础、以内部控制制度审计为重点、以促进管理为目标进行审计。从审计的内存联系来看，财务收支审计和经济责任审计也是密不可分的，将两者结合起来进行能节约资源、提高效率。

（二）任期审计与离任审计相结合

目前越来越重视任期审计。任期审计实质上是一个过程审计，是对领导干部履行职责期间的一种阶段性考核、评价。任期审计是一个过程，而离任审计就是一个结果，将两者结合起来，则对领导干部的预防约束机制更加完善。

（三）专项审计与常规审计相结合

领导干部经济责任审计已纳入常规审计的范畴。但是，一个部门或一个单位经济方面的问题随时可能发生，审计部门可以通过专项审计的方式查清事实。专项审计与常规审计的结合，是一种从点到面、从广度到深度的有机结合。

七、加强宣传，强调经济责任审计本身就是对领导干部的一个教育过程

审计部门应把被审计单位的制度建设及执行效果作为重要的审计内容，在审计中进行检查、评价。任何单位的制度，只有有效执行才是关键。目前审计部门更注重对领导干部管理、制度设计、执行层面问题的分析，领导也越来越深刻地认识到：对领导干部的权力实施有效制约既是领导干部管理的重要课题，也是深化经济责任审计的重要内容。

经济责任审计涉及内部制度建设及执行情况，涉及重要的经济管理决策，涉及资金安全等诸多问题。事实上，领导干部大部分是专家型的，其经济、财务或会计方面的知识是有限的，而且往往思想上不够重视，所以在某些方面做错了也不知道错在哪里。因此，审计的过程对于领导干部来说，就是一个受教育的过程。

八、坚持审计"回头看",重视审计结果公示,重视后续跟踪审计

高校应充分重视经济责任审计结果的运用,积极落实整改,切实把审计结果广泛应用到干部选拔任用、推进民主法、提高管理水平、促进党风廉政建设等环节中去。首先是及时将审计报告中存在的问题对照被审计单位的整改报告进行汇总、梳理、分析,在联席会议、党委会、主任办公会上进行专题汇报,对于由于政策等客观原因单位自身无法解决的问题应逐一研究,督促有关部门协调,切实解决或促进高校解决一些具体问题。其次是根据教育部《关于做好领导干部经济责任审计报告交接工作的通知》等相关文件的要求,各高校校级领导干部在任职期满或者任期内办理调任、转任、轮岗、免职、辞职、退休等事项前,都应进行经济责任审计,并将经济责任审计报告作为领导干部工作交接的内容之一。经济责任审计报告的交接能使领导干部进一步明确自己应当承担的经济责任,了解和掌握本单位的财经状况,做到心中有数、家底清楚;能使学校重视审计结果,针对审计提出的问题和建议进行整改,提高财务工作水平。最后是加强对新上岗的领导干部的宣传和教育。高校领导干部大多是专家学者,有的对经济管理工作并不熟悉,为了让新上岗的领导干部牢固树立依法治教、依法治校的观念,增强认真履行经济责任的自觉性,应加强和宣传经济法律法规,使领导干部既了解经济法律法规,又提高对经济责任审计的认识,从而进一步强化责任意识,增强法纪观念。

　　被审计的领导干部在接到审计报告后，应该对报告中所提出的问题充分重视，检查是否存在必须纠正和整改的地方，如果是较严重的问题，必须引起足够的重视，采取切实可行的风险防范措施和风险控制措施。后续跟踪审计是内部审计中十分重要的一环。经济责任审计还要加大后续跟踪监督和控制力度，才能保证审计报告中所提到的建设性意见得到重视和落实，才能保证后续审计的深度和广度，才能保证须整改的问题得到落实，才能真正提高经济责任审计的工作效率，最大限度地减少风险，树立高校内部审计的严肃性和权威性。

　　审计工作不仅要把问题揭示出来，还要提出合理的意见和建议，帮助被审计单位改进和提高管理水平。具体做法为：能够及时解决的问题，边审计边解决；需要一定时间解决的问题，可由校领导出面协调。审计部门对存在问题较多或问题比较严重的单位应增加后续审计程序。

　　本章所指的高校经济责任审计中存在的问题，是我国高校内部审计中普遍存在的问题，这些问题严重制约了内部审计事业的发展。如何从根本上解决这些问题，从而充分发挥内部审计职能，是目前乃至今后很长一段时间都必须研究的重大课题。

第四节　高校经济责任审计中开展延伸审计的必要性研究

一、概述

在全国高校各种经济活动日益频繁的今天，内部审计工作中干部经济责任审计的重要性已突显端倪。随着我国高等教育改革开放的不断深入，高校各级部门或单位主要领导人管理和使用的科研经费、教学经费以及专项活动经费越来越多，涉及社会上不同行业和不同领域的合作也越来越广泛，有些经济活动难免夹杂着市场经济因素中的不完善和不协调因素，在这种情况下，高校在经济责任审计中开展延伸审计不仅是必要的，而且还应是完善干部经济责任审计的一个新途径。

二、高校经济责任审计面临的现实困境

（一）审计定位不准，制约审计结论

1. 关于高校经济责任审计的审计对象，审计人员在思想上并没有统一认识。审计部门利用审计手段从财务收支活动的真实性、合法性及效益来认定领导干部的经济责任，并不能确认领导干部任期内的全部经济责任。因此审计部门的审计结果存在一定的局限性，审计结果只能作为上一级领导考核、评价、

任用干部的参考依据。而审计对象则认为经济活动是本校或者本部门利益使然，本人只是行使了干部责任制的义务，把经济活动中出现的一些问题完全归究于个人是不妥的。所以审计中难免会遇到审计对象思想上的抵触情绪，从而使得审计结果存在一定的偏差。

2. 审计工作的突击性、随意性和时间上的滞后性造成了审计的两难局面：一是审计中审计对象已调往异地或调换了岗位，审计时不在场，一些原始会计资料有可能被带走，一些相关的审计事项无法准确认定。二是审计对象已升职并主管原所在单位，按照审计程序，需要参加审计谈话的有关人员对具体某些经济活动有不同的看法，但思想上有顾虑，不愿甚至不想讲出自己对存在问题的真实想法，使审计人员不能准确判断经济活动的起始、过程以及结果，审计工作无法达到预期效果。

（二）会计信息失真，影响审计结果

1. 会计信息失真，是目前经济责任审计中制约审计结论的主要方面。一些单位领导往往认为经济责任审计应考虑单位财务预算编制、财务预算编制执行情况及财务决算情况。

2. 在市场经济发展还不十分完善的今天，会计信息失真的现象比较普遍，特别是有些审计对象随着调离或者升迁已将原始的会计资料带走，尤其是一些重要的经济合同和会议记录等，从而造成被审计单位的会计资料只能临时拼凑，不能及时准确反映当时的经济活动信息，加上一些人为的因素，使审计对象违法违纪问题更加隐蔽，一般的审计方法很难发现问题。

（三）审计工作缺乏前瞻性，审计风险加大

1. 由于领导干部经济责任审计一般是离任审计，或者届满再审，时间紧、随意性强，审计人员只能凭一些客观存在的财务状况和会计资料去审阅、分析经济活动的过去式，审计范围仅仅是本单位的财务收支活动，不能延伸到相关单位、相关事件的责任人员。实践证明，领导干部经济责任审计是审计风险出现最多的审计事项。

2. 审计力量与审计任务不匹配的矛盾也比较突出，如果领导干部的任免较集中，则此时经济责任审计的项目多、时间紧、范围大、内容广、任务重，造成审计工作量骤增。各部门或单位平时不大注重与审计部门的沟通与联系，经常是被审计时才临时抱佛脚，审计取证时不主动配合，甚至不清楚应提供哪些有价值的会计资料，对一些重要事项的重要问题不能逐一核实，耽误了审计时机，造成审计效率低下，在一定程度上影响了审计更深层次的挖掘，使得一些经济责任审计事项质量不高。

二、高校经济责任审计中开展延伸审计的必要性

高校领导干部经济责任审计的初衷，是为了更好地适应社会主义市场经济条件下高校工作的全面发展，有利于拓宽干部监督、任期考核、提拔、选拔优秀干部的良好渠道，所以开展领导干部经济责任审计，能使审计工作有计划、有步骤地进行，能提前确定审计事项、审计范围、审计内容以及运用科学的审计方法，从而正确、客观、公正评价干部的经济责任，揭露和

惩治经济违法、违规活动，更好地促进党风廉政建设，为维护高校的经济秩序发挥积极作用。

（一）延伸审计的重要性

1. 目前开展的经济责任审计活动，是对领导干部任期届满或调任时实施的离任审计。有的领导干部在一个岗位连续工作了十年左右，历时长、经济活动多，对其进行经济责任审计时的不利因素有：一是时间长；二是经济活动涉及部门和单位多；三是有些经营结果已形成事实；四是离任审计后，由于被审计人已不在原单位，使得审计建议无人负责落实或者审计整改已错过最佳时机。因此，要如何高效发挥经济责任审计监督的职能和作用，必须在审计时间、审计范围、审计阶段上把握和改进审计方法，并根据高校内部的实际情况，把领导干部经济责任离任审计改变为任前、任中、离任审计；或在领导干部上任之初在原单位配合组织、人事部门对其进行例行考察，任职期间开展任期经济责任的履行情况审计，届满对其整个任期做一个完整的经济责任离任审计，如此便能更好地保证审计质量。

2. 把审计经济活动事项和审计干部管理效果两者有机结合起来，客观、公正地评价领导干部在经济责任履行过程中发挥的作用，配合组织、人事部门把好干部任前、任中、届满三个关口，并对经济活动中的重要事项和重大财政、财务收支活动的真实性、合法性及效益进行审计评价，对一些牵扯到有关单位、有关人员的事项应进行更细致的审计调查和审计走访，得出准确的审计结论，这样才能使上级机关和领导正确地使用和管理好干部。

（二）延伸审计的经济效益

1. 我国处在社会主义初级阶段，《中华人民共和国高等教育法》又赋予了高等教育工作者对高等教育这一稀缺资源进行融合、分配、利用、经营的经济权利，这是党和国家对高等教育的支持和信赖，更是高校工作者的机遇和挑战。在社会主义市场经济的发展阶段，高校之间与社会各行业一样，对高效益项目和高层次人才也存在着激烈的竞争，尤其是一些能够将科技创新、服务社会为宗旨的优秀人才，就像稀缺资源中的优质资源一样炙手可热，刺激一些负责管人、管事、管财的部门不由自主地卷入部门利益与学校利益的冲突之中。管好、用好高校的丰富资源，提高资源的使用效益，成为经济责任审计中的重点工作。

2. 高校的经济责任审计工作在一定程度上依附于高校的整体发展，经济活动具有的真实性、合法性及效益性对学校、本部门和个人都是有益的。延伸审计也是如此，审计过程中不仅不能抓大放小，还应在审计细节上下工夫，严格按审计程序执行审计，特别是对负责重大经济活动的责任人谈话制度，更是重中之重。审计谈话不仅对审计对象深入了解，而且对具体审计事项可做深层次的调查、研究。谈话中有关经济活动关键时间、关键地点、关键人物的捕捉，不仅需要审计人员常年积累的工作经验，更需要职业判断力和职业敏感性。审计人员综合素质培养是顺利开展经济责任审计的重要方面。

3. 干部经济责任审计中延伸审计开展的好坏，直接决定了

经济活动的真实性、合法性及效益。特别是效益，高校不仅是
最大限度产生社会效益的部门，更是在产生社会效益的同时也
给高校带来了一定的经济效益，这是相辅相成的。延伸审计过
程中我们不仅发现了一些重要问题，规避了审计综合风险，更
能发现学校产生社会效益、经济效益的亮点。延伸审计的结果，
使高校为社会创造更多的财富和创造更多的财富机会。

（三）延伸审计的管理效益

1. 高校的经济活动处在新形势下，经济责任审计内容越来
越多，审计范围越来越宽，审计任务越来越重，审计责任越来
越大，审计风险也越来越高。为此，经济责任审计应在审计中
注意提高创新意识，在审计方法上下工夫，才能不断适应高校
发展的步伐。日常工作中特别是审计工作开展前应注重多方面、
多渠道地收集与审计项目、审计事项有关的信息和资料，包括
形式多样的内部审计调查与重要部门、重要人员提供的一些无
偿审计咨询，将高校内部审计的服务职能落在实处，营造一种
良好的教育内审氛围，便于得到被审计单位和被审计者的理解、
支持、配合，这样才能得到经济活动中真实的综合信息，才能
使经济责任审计工作做得更好。

2. 经济责任审计涉及面广，内容比较多，人际关系复杂，
审计时间紧，审计工作中应把握重点，突出审查任期经济责任
目标的执行过程、实际情况，但是现实存在的情况是这样的：
往往新领导干部到任，有关部门和有关领导没有对该领导干部
布置或者下达相应的具体任期目标和任期责任，即使有也是宽

泛的；约束机制也不健全，更没有具体的参照者和参照物，这是内部审计工作中遇到的普遍现象。要用什么方法才能真正了解审计对象在任期内的经营能力、管理能力、沟通能力、工作业绩、勤政廉洁、为人自律等方面的情况，是新时期高校内部审计人员遇到的新难题。

3. 经济责任审计的最终结果，是对审计报告中审计建议的采纳、运用、整理的结果。但是经济责任审计必须是更高层次的审计，要通过延伸审计，使审计对象能够正确对待经济活动中的学校、部门及个人利益。审计对象在当前各种利益诱惑下，应坚持原则，从维护国家利益、学校利益出发，带动部门人员形成管理效益。所以审计评价不仅是对领导干部任期内的经济责任进行评价，还应扩展到从管理效益的角度评价领导干部的履职情况，减少主观随意性，丰富审计评价内容，更好地体现审计结果。

三、高校经济责任审计中开展延伸审计的启示

1. 延伸审计是随着高校教育资金筹资的多元化及市场风险的不断扩大而发展起来的，原有高校内部审计中的经济责任审计模式的改革势在必行。如何正确认识和定位高校内部经济责任审计？首先要求必须适应高校改革发展的需要。其次，各级主管领导要高度重视经济责任审计工作，从思想上提高审计意识，愿意积极、主动配合审计部门的审计工作。管人、管事、管财等部门不仅应积极地配合与协作，还应加紧修炼内功，利用继续教育和岗位业务培训等机会提升自己。再次，审计人员

应及时学习新理念、新知识，改进审计方法，加强对各有关审计对象的沟通、了解，使高校真正形成一种和谐的审计环境。

2. 延伸审计的特殊性就是在做好审计风险预测的前提下，充分调查了解审计对象及被审计单位的内控制度设置情况、执行情况和执行结果，严格审计程序，客观评价领导干部经济责任，这样才能做好经济责任审计。当然，在审计工作中，领导重视和支持是非常重要的，被审单位的教职工能否正确理解和帮助审计人员也是提高审计质量的一个重要因素。审计人员良好的职业道德水准、审慎的职业操守、敏锐的职业判断，审计对象和审计人员在思想上的统一，是审计质量的保证。

3. 延伸审计的综合性体现在：经济责任审计针对高校的经济活动，须合法、合规、真实，有严格的财务管理、规范的审计方法，能加强高校领导干部的廉洁自律意识，从而为办好社会主义大学服务。通过经济责任审计中的延伸审计，不仅对高校领导干部的经济活动进行监督，还是对经济活动内容和实质是否有利于社会、是否有利于学校的一种检验，只有审计对象和审计人员真正认真负责、客观公正地做好经济责任审计中的延伸审计，才能落实好审计的监督和服务职能，为高等教育的改革与发展发挥最大的建设性作用。

第三章
高校内部审计人才队伍建设

第一节　概述

随着经济和社会的发展，高等教育的发展十分迅速，教育审计的对象、环境等发生了深刻的变化，高校内部审计工作的艰巨性和复杂性尤为突出。高校内审事业的成败关键在人，因此，加强高校内部审计人才队伍建设，是内审事业发展的内在要求。在审计全覆盖的背景下，内审人员必须具备较高的综合素质和丰富的实践经验，必须具备较强的专业技能和专业判断能力，必须树立大局意识，敢于创新，以应对新时期审计工作的复杂性、艰巨性和高风险性。建立健全高校内部审计管理制度，加强审计人员作风建设和职业道德教育，不断提升内审人员的专业素养和业务技能，打造一支品质好、业务精、能力强和作风优的内部审计队伍是做好审计工作的基础。

　　我国高校要实现内部审计全覆盖，就必须全面提升审计队伍的综合素质。本章针对内部审计人员综合素质现状及成因进行了分析，并就如何全面提升审计人员的综合素质提出了多项对策。2015 年 12 月 28 日刘家义在全国审计工作会议上指出："怎么抓队伍建设？就是要坚持信仰就是灵魂、使命高于生命、责任重于泰山、纪律决定一切，以品德为核心、作风为基础、能力为重点、业绩为导向，着力打造一支政治强、业务精、作风优、纪律严的审计铁军"。我国高校要实现内部审计全覆盖，实现由传统的"查错纠弊"财务审计到以风险为导向的管理审计转变，实现由阶段性审计到全过程跟踪审计转变，实现由以人工审计为主到以计算机的大数据、云计算和互联网审计转变，就必须全面提升审计队伍的综合素质。

　　内部审计是一项专业性十分强、要求非常高且业务较为复杂的工作。而目前我国高校普遍存在审计队伍建设不足、审计人员素质低下的问题，有些高校未能设立独立的审计机构，独立开展审计工作，审计人员配备也严重不足，对审计重视不够，甚至有些高校只配备一名专职的审计人员，连最基本的审计业务都难以开展；审计人员的专业技能单一，观念落后，队伍结构十分不合理，多数人员是从会计岗位转岗到审计岗位，业务水平参差不齐，计算机审计应用能力低，大数据、云计算和互联网审计只停留在概念层面，缺少开展审计业务的领军人物，懂会计、经济、工程、计算机技术等的复合型人才更是奇缺。如何提升内部审计人员的综合素质，是当前我国高校内部审计所要解决的当务之急。

第二节 高校内部审计队伍面临的问题

一、知识老化和技能单一

随着我国经济体制改革的逐步深入，学校的各项管理制度，特别是财务管理制度发生了深刻的变革，信息技术的广泛应用，使高校内审人员难以适应时代发展的要求，内审人员大部分是从高校财务岗位转岗而来，往往只懂报账和算账，专业技能单一，复合型人才十分稀缺。

二、专业结构不尽合理

刘家义在全国审计工作会议上提出审计机关要培养查核账务的能手、分析研究的高手、计算机应用的强手和精通管理的能家里手的要求，这既是关乎审计队伍建设成败的战略性工程，也是关乎审计成效、审计质量和审计水平的基础性工程。这些要求对于促进高校内部审计的科学发展，开展好各项工作意义重大。高校内部审计部门的人员中一般不缺刘家义所提出的查核账务的能手，但相对比较缺乏分析研究的高手、计算机应用的强手和精通管理的能家里手，这就导致我们无法有效发挥内部审计的服务和监督职能，从而无法为高校的管理层提供更好的服务。

三、信息化应用不广泛

目前高校内审部门普遍引入审计软件开展审计工作，但这些审计软件还处于较低层次，一般主要是用于财务收支审计，即使用于经济效益审计，也仅仅只能进行初步的财务分析，而各种先进的管理软件在高校内部很少应用，从而导致内审部门无法应用信息技术开展管理审计、内部控制审计等较为高端的审计项目。

四、业务水平不平衡

从当前高校内审的人员结构来看，有些审计人员经过系统的审计理论学习，加上多年的审计工作经验，能较好地完成各项审计任务。但同时也有很多审计人员在审计工作前没有经过系统的审计业务学习，或者只是经过短期的审计和财务培训，由于缺乏系统的理论知识学习，工作起来就比较吃力。这些在一定程度上限制了审计作用的有效发挥。

五、审计理念有待进一步转变

具体表现在：对如何适应科学发展观的要求，转变审计理念思考研究不够；部分审计项目还局限于传统的审计模式；审计内容偏重财务收支的真实、合法，还不能从全局和战备的高度看待审计中发现的问题；如何发挥审计建设性作用，通过审计促进提高行政效率、政策效能、资金效益、管理效益、社会效益领会把握不够；审计偏重微观而忽略宏观，偏重就事论事而忽视举一反三等等。

六、高校内审的职能和作用有待进一步发挥

主要表现为：对热点和重点问题研究把握不够，在某些时间段审计工作重点还不够突出，主动服务的自觉性还不够高，审计实施的深度有待加强，部分审计项目还不能充分揭示和分析违纪违规问题反映的体制性障碍、政策制度缺陷和管理漏洞，对经济社会发展中的新问题研究不够多，还不能提出有针对性、建设性的审计意见和建议，审计成果的转化利用和审计结果公开力度不够，对一些屡查屡犯的问题缺乏针对性的具体措施和办法，从而影响了审计效能的发挥。

七、审计人员的审计能力有待提高

主要表现在：高校审计人员的素质能力与新形势对高校审计工作的要求不同步，部分高校审计人员知识结构单一，综合分析能力、沟通协调能力都明显不足。最典型的例子是，虽然我们已开展了十多年的党政领导干部任期经济责任审计，但至今还有一些高校的经济责任审计报告仍然是财务收支审计的内容，加上一个经济责任审计的帽子。

八、审计项目质量控制体系建设还不够完善

审计质量是高校内部审计的生命线，虽然当前许多高校都建立了审计工作质量保障制度，但还需进一步建立健全高校审

计质量保障体系，包括对委托社会中介机构实施高校内审项目的质量保证制度。同时在加强审计风险控制、加强审计监督、不断加强高校审计法规建设方面尚显不足。

九、审计资源整合作用发挥不够

表现为审计资源整合力度不够，审计成果运用和内部信息资源共享不充分，多层次、多级兼职审计员平台和网络尚未形成，有效利用国家审计、社会审计的结果有待加强。

十、高校审计理论研究和应用审计新技术新方法的力度与审计工作发展的要求不同步

高校审计理论研究与高校审计实践不够紧密，对绩效审计、管理审计、内控审计等现代内部审计的探索和研究尤显不足。高校审计研究成果力作还不够多。计算机辅助审计发挥作用的成效不明显，高校审计人员运用信息技术分析处理数据的能力有待进一步提高。

十一、自觉学习的气氛不浓

尚未养成主动学习、善于学习的良好习惯。有的同志不但对现行的经济法规不熟悉，而且对现代审计的本质和新理念不清楚，对高校审计的目标任务也不明白。中央号召全国要建设学习型社会，高校审计机构和人员对如何建设学习型团队和成为学习型个人，既缺乏明确的方向，又缺乏具体的计划和措施。

十二、忽略增强自身免疫力

如上所述，高校审计队伍总体上是努力向上的。但追求任劳任怨、严谨细致、清正廉洁、乐于奉献的劲头还不够足。忽略增强自身免疫力，导致出现违纪违规的现象。这种现象虽然不普遍，但应引起足够的重视，防患于未然，值得我们认真地思考。

第三节　全面提升审计人员的综合素质

一、学校领导重视，人员配备充足

人是生产力要素中最活跃的因素，人力资源是第一资源，在影响科学发展的各种要素中，人的要素是最关键的要素。审计工作搞得好不好，最大的根本和关键就在于队伍建设，审计队伍建设是保证审计工作质量的关键。为了不断提高审计工作质量，应始终将审计队伍建设摆在十分重要的位置。学校应重视审计工作，保证审计的独立性，从而确保审计人员与审计任务相匹配。内部审计是一项专业性强、要求高且业务较为复杂的工作，如果没有学校领导的足够重视和支持，开展审计工作将举步维艰。

二、加强思想教育，培养责任意识

结合审计工作实际，加强审计人员的教育，这就要求审计人员从讲政治的高度充分认识和自觉实践科学发展观，用科学发展观去思考、认识和解决在审计工作中遇到的新情况、新问题，进一步树立科学的审计观，进一步增强责任感和使命感，充分认识身上肩负的重大责任。近年来审计人员的责任意识得到进一步增强，大家变压力为动力，任劳任怨，面对繁重的审计任务，主动加班，不计较个人得失，形成了团结协作、积极向上的审计工作氛围，提升了审计人员自我完善、提高素质和培养能力的内驱力。

三、加强道德建设，养成职业操守

内部审计是专业的经济监督部门，只有业务过硬、清正廉洁，才能严格执法、公正审计，才能夯实审计"免疫系统"的根基。审计工作的基本属性告诉我们，审计人员的职业道德决定了审计工作的质量。审计人员要正确运用手中的权力，恪守正直坦诚、客观公正、勤勉尽责、保守秘密的职业道德；弘扬廉洁公正的审计品德，要始终把廉政建设作为审计工作的"高压线"和"生命线"来抓，坚决执行"八不准"审计纪律，构筑起牢固的廉政防线。现阶段我国还处于市场经济发展的初级阶段，各种法律、法规还不够健全，职业道德不够规范，同时市场经济一些消极因素会冲击审计人员的头脑，使得有些人在"金钱关""人情关"面前低下了头。学校审计部门的职责是维护学校经济活动健康有序开展，审计的质量和权威很大程度上取决于审计人员的素质，一方面要求审计工作人员自身要有较强的道德自律能力，遵守职业道德；另一方面，也要求审计人员对违反财政法规的行为，能摆脱来自方方面面的阻力和压力，发挥审计的监督、鉴证和评价的职能，为改革开放和经济建设服务。因此高校内部审计部门要组织审计人员认真学习《内部审计人员职业道德规范》，加大综合素质教育的力度，使审计人员思想认识到位，要从为学校发展和中心工作服务的角度出发，及时更新调整审计理念，以科学发展观统领内部审计工作，围绕党政重大决策部署，找准审计工作的结合点和切入点，及时通报审计工作情况，反馈动态信息，当好领导的参谋和助手，使审计工作更好地服务于学校改革、发展和稳定的大局。

四、加强作风建设，促进文明审计

要强化理论武装，坚定理想信念，严守政治纪律和政治规矩，不断提高审计队伍的政治素养。切实践行社会主义核心价值观，加强审计职业道德建设，培养和弘扬审计精神，恪守审计职业操守，做到依法审计、文明审计。加强党风廉政建设，从严管理审计队伍，严格执行审计纪律，坚持原则，无私无畏、敢于碰硬，做到忠诚、干净、担当。把创建"学习型处室、创新型处室、服务型处室、廉洁型处室"作为审计工作的目标，坚持作风建设常态化，把作风建设纳入日常工作常抓不懈，着重从思想作风、学风、工作作风、领导作风、生活作风等方面加强教育，提高审计人员的思想认识，增强审计服务意识，积极推行文明审计，紧紧围绕学校的中心工作，服务大局，勇于创新，形成争先创优的良好风气，不断开拓审计工作新局面。

五、重视实战，选派人员参加国家审计和社会审计

国家审计相对于内部审计，无论是审计范围、规模还是审计的力度，内部审计都无法与之相提并论。国家审计是一种执法行为，给审计提出了很高的要求，强调的是审计证据要确凿、审计链条要完整，要求审计人员对查出来的问题，要严格按照法律法规，做到有理有据，体现在工作底稿上，是违反了哪一条哪一款。社会审计相对于内部审计，具有审计专家云集、审计经验丰富的特点，内部审计人员若参与其中，将大大提升审计人员的职业判断能力，开阔其视野，拓宽其审计思路和更新其审计理念，审计人员业务能力也将有长足的进步。

六、夯实基础，积极参与各种审计业务培训和考试

每年国家内部审计协会和地方审计局都会举办各项审计业务的培训，如领导干部任期经济责任审计、基建工程的全过程跟踪审计、计算机审计等，坚持缺什么补什么，做到精准培训，有的放矢；鼓励内审人员参加各种审计业务方面的考试，全面提升内审人员的理论和业务水平。如每年全国举办的会计师、审计师、工程造价师及国际注册会计师（CIA）的考试，通过培训，使内审人员养成勤于思考的习惯，提高内审人员的职业判断能力，提升内审人员的专业素养。

七、更新观念，重视计算机审计技术的应用

前审计署审计长李金华在任时说："当今社会，不懂得使用计算机进行审计的审计人员，将失去审计资格"，计算机审计人才的培养已刻不容缓。计算机审计专业人才不仅要具有审计领域的专业知识，还需要有现代化审计工具的支持，否则非常不利于开展审计工作。在当今信息化高速发展的今天，审计技术发生了巨大的变化，无论是审计方法还是技术工具都完成了革新，计算机软件技术可以帮助完成审计风险评估、编制审计计划、获取审计证据、抽样、分析，编制审计报告等部分甚至全部的审计工作任务。一名合格的计算机审计人才，不仅要具备丰富的审计专业知识，还需要具有很强的计算机应用能力。

八、讲究实效，全面提升工作效率

每次审计人员接到审计任务后，都要认真做好审前调查，摸清被审计单位的家底，审计工作方案要力求高效，操作性强。要依据每名审计人员的专业特长分派工作任务，形成最佳的团队组合。审计组进点后，要进行审计分组，审计过程中要进行阶段性小结，并定期召开阶段性小结会议，每个小组的组长要汇报审计过程中所查出的问题，并进行分析，做好阶段性的审计工作计划。编制审计工作底稿要对查出来的问题进行定性，要对审计事项进行事实描述，引用的法律法规要准确，力求分清责任、事实清楚、定性准确、证据链条完整。审计人员要在

这样的高效率实战中进行锤炼，不断探索和总结，从而摸索出一条适合自身发展的路子。

九、积极探索，拓宽培养人才的路径

定期召开内部审计工作会议，进行审计业务交流，促使审计人员主动思考，养成爱学习的习惯；加强和兄弟院校的审计业务交流，借鉴兄弟院校好的经验和做法；拓宽引进人才的途径，将素质高、业务精、能力强的专业人才充实到审计队伍中来；建立激励机制，鼓励审计人员进行审计业务研究，积极申报课题和撰写专业论文，突破自我，勇于探索新的领域。

第四节 高校内部审计人才队伍建设的一些启示

高校审计队伍建设，其实质是高校内部审计人才队伍建设。高校审计人才队伍建设应包括三大内容，即：即加强审计领导人才队伍建设，提高领导审计事业科学发展的能力；加强审计专业人才建设，不断提高审计实战能力；加强审计管理人才队伍建设，提高综合管理能力和服务水平。本节主要从高校审计领导和高校审计人员两个层面谈如何抓好高校审计队伍建设。

一、关于高校内部审计领导

重视审计队伍建设是教育系统各级领导应尽的责任；抓好

审计队伍建设是各级教育机构负责人的重要任务。

作为分管高校内部审计的各级领导，应该认真贯彻《审计法》审计署《关于内部审计工作的规定》、教育部《教育系统内部审计工作规定》的要求，认真履行职责，建立健全内部审计制度，设置内部审计机构，配备审计人员。领导高校审计工作一定要到位，要把高校审计特别是高校审计队伍建设纳入工作的议事日程。要关心审计干部，深入了解审计工作的开展情况。

作为高校审计机构负责人，高校审计领导是高校内部审计团队的领头人、班长，在高校审计队伍建设中起着十分重要的作用。一方面要积极、主动地向领导（尤其是新任领导）宣传、汇报高校审计工作，认真贯彻落实领导对审计工作的要求；另一方面要时时处处以身作则，做好表率，发挥模范带头作用。

刘家义指出："优秀的审计处长应具备五种素质和能力：一是要有高度的责任感。明确责任和奋斗目标，坚定理想信念，树立强烈的责任感和事业心。二是要加强自身和团队的修养和学习。三是要敢于和善于'亮剑'。四是要善于积累实践经验。五是要依法办事为人清廉。希望我们的教育审计处长自觉地实践审计长的要求，争取成为一名优秀的审计处长。"

总之，高校审计领导是高校审计队伍建设的关键，他直接影响着高校审计团队建设的结果。作为高校审计机构负责人，他本身又是审计队伍建设中的一员，因此，对高校审计队伍建设的各项要求，他必须首先做到，并身体力行。

二、关于高校审计人员队伍

高校审计人员是高校审计工作的主体，一支优秀的审计团队既是高校经济活动健康运行的保障，又是高校事业赖以发展的保证。根据形势和任务，要抓好高校审计队伍建设，就应该做好以下几项工作。

（一）明确高校审计队伍建设的目标

目标就是要造就一支政治素质好、审计业务能力强、思想作风过硬的高校内部审计队伍。不仅要把队伍建设列入年度审计工作计划，而且还要列入中长期发展规划，还要有具体并切实可行的保证措施。例如，审计人员岗位设置和人员配备计划；多级多层次兼职审计人员建设计划等，同时还要建立相应的制度，例如学习制度、年度考核制度等。

（二）加强高校审计理论建设

理论是实践的总结和升华，实践需要正确、先进的理论作指导。要抓住高校审计工作的重点、难点、热点问题，深入开展审计理论研究，要不断思考和探索以下问题，树立科学的、与时俱进的审计理念。

1. 高校内部审计的基本要义。

2. 当前国际内部审计、中国内部审计以及高校内部审计的发展趋势。

3. 审计署、中国内审协会对内部审计转型的基本要求。

4. 财务收支审计、建设项目审计、内部控制审计、经济责任审计等的定义、性质及其区别与联系。

5. 高校审计"三个服务"的内容和意义。

6. 如何将"免疫系统"论运用到高校审计实务中。

7. 如何用"内部审计准则""内部审计指南"规范审计行为。

8. 高校内部审计如何在内字上下工夫。

明白上述问题,理清思路,高校审计理论研究才能深入进行。

(三) 加强教育审计文化建设

高校内部审计文化建设的目标就是要提高全体教育审计人员的思想道德素质,提高高校审计队伍的创造力、凝聚力和战斗力。当前要特别强调的是高校审计人员的作风建设和心理素质培养问题。

在作风建设方面,要努力提高沟通协调能力,实行文明审计,构建和谐审计环境。李金华同志在提出"文明审计"要求时,对文明审计的内涵作了六点诠释,这就是:审计要依法按程序;遇事要先讲道理;要善于听取别人意见,尊重别人;不讲粗话、大话、过头话,不伤害别人感情;对审计情况要如实反映,实事求是地处理,遵守审计纪律,言行举止文明,"文明审计"是新形势下对高校审计人员的新要求,要用审计别人的标准要求自己，用理解自己的理念理解别人。

在心理素质培养方面，高校审计人员面对各种困难和复杂，有时甚至是恶劣的审计环境，要树立坚强的心理承受能力，以积极的心态迎接各种挑战。除此之外，高校审计人员还要具备创新意识、开拓精神；热爱工作、忠于职守的敬业精神；坚持原则、秉公执法的工作作风，以及诚实勤劳、严谨细致的职业习惯等。

（四）要加强高校审计的规范化和信息化建设

审计规范是保证审计工作质量的根基。中国内审协会相继出台了《内部审计基本准则》《内部审计工作人员职业道德规范》以及众多的具体准则和实务指南，推动了我国内部审计逐步走上规范化、职业化道路。审计信息化是现代审计的必然要求，为此必须加大高校内部审计信息化建设的力度。高校审计人员要熟练掌握和运用计算机辅助审计技术，并不断提高运用信息手段分析、处理数据的能力和水平。要积极创造条件，组织骨干力量开发各类审计软件，并在实践中不断修正完善，尽可能达到普及推广水平。有条件的高校还要学习国外先进的审计信息化新技术和新方法，加大计算机审计网络化和远程化的研究力度，并争取早出成果、出优异成果。高校内部审计规范化建设和信息化建设任重道远，但对审计队伍的影响至关重要，因此必须发扬锲而不舍、攻坚克难的精神。只要坚持不懈，就一定会有所发现、有所发明、有所创造、有所前进。

（五）加强学习，培养复合型高校审计人才

首先，一定要把教育内审机构建设成学习型机构。建设学习型社会、学习型政党是党中央的号召和要求，同时也是人类进步、社会发展的必然选择。而在学习型单位、学习型组织建设过程中，只有当每一名教育审计工作者自觉成为好学、真学且善于学习的个人的时候，学习型的教育审计机构才能真正建成。其次，通过不断的学习，高校审计人员一定要具备良好的业务素质。不但要熟练掌握和运用法律法规，而且要具有娴熟的操作技能，包括掌握现代审计网络技术和计算机辅助审计能力，并且还要具备依法审计的业务拓展能力，包括良好的沟通能力和文字表达能力。再次，要改善审计人员知识结构，努力培养复合型人才，打造特别能战斗的高校审计团队。由于人员编制和经费等方面的限制，客观上是不可能根据审计工作的需要配足配好高校审计干部的。因此，作为高校内审机构，一定要在努力培养复合型内审人才上下工夫，争取做到人人多面手。打造由这样的审计人员组成的审计团队就一定是特别能战斗，一定是不断开拓高校审计工作的新局面。

此外，高校内审机构还应抓好警示教育，既引以为戒，防患于未然，又要强化审计纪律，不断提高高校内审人员自身的免疫力。

内部审计的质量和效率是审计的生命线，内部审计人员的综合素质是决定内部审计的质量和效率最关键的因素。如何提高我国高校内部审计人员的综合素质，是目前乃至今后很长时间内都必须思考的问题，是高校内部审计队伍建设的一项重大工程。

第四章
加强审计监督力度，全面贯彻落实中央八项规定

第一节　概述

党的十九大后，党中央为了加强对审计工作的领导，构建统一集中、全面覆盖、权威高效的审计监督系统，组建了中央审计委员会，作为党中央决策议事协调机构，充分说明了党中央国务院十分重视审计监督工作。新修订的《审计署关于内部审计工作的规定》（审计署令第 11 号）已于 2018 年 3 月 1 日起实施，这标志着新时代内部审计工作开启了新征程。高校应认真贯彻落实党的十九大精神，展现"新时代新气象新作为"的时代精神风貌。认真学习并宣传贯彻党的十九大精神，充分发挥教育审计在保障教育经济安全运行中的"温度计""体检表"的作用，提高教育资金的使用效率，已经刻不容缓。随着我国经济的高速发展，国家对高等教育的重视度日益增强，办学规

模和各项经费成几倍甚至十几倍的扩张，高校在发展中所要面临的责任和风险也逐渐增大，作为高校管理机构的内部审计已迎来了前所未有的机遇和挑战，高校内部审计经过多年的发展与积淀，已经初具规模，其地位也逐渐得到了认可，但在实际工作中，存在的一些问题严重制约了内部审计事业的发展。目前我国仍有很多高校的内部审计理念十分陈旧落后，仍停留在就账论账，就资金论资金，检查会计账，查错补缺这种被动的、低端的审计模式；内部审计的独立性不强，不少高校仍然是审计和纪检监察合署办公，审计人员未能独立开展审计工作；审计人员综合素质普遍不高，人员的知识结构和年龄结构很不合理，人才匮乏，缺少开展审计业务的领军人物，难以开展如绩效审计等大型的审计项目；未能建立健全内部审计制度，从而使内部控制流于形式；审计人员的计算机应用能力普遍不高，未能很好地利用计算机作为辅助审计的手段，大数据、云计算只停留在概念层面；审计整改不力，审计结果的利用程度低，后续跟踪审计流于形式等等。这些问题的存在严重制约了高校内部审计事业的发展。所以在当前形势下，为了有效地推进高校依法治校，规避运营风险，实现高校制定的战略目标，保证教育资源的合理利用和教育系统内部经济活动的有序开展等目标，当前迫切地需要对制约高校内部审计职能发挥的因素进行仔细深入的分析和研究，通过深入剖析这些问题存在的根源，对症下药提出对策，以期最大限度地发挥高校内部审计职能，为高校持续、快速、健康的发展服务。

第二节　具体措施

以邓小平理论、"三个代表"重要思想、科学发展观和习近平新时代中国特色社会主义思想为指导，以推进各项事业发展为目的，坚决贯彻落实好中央的八项规定，切实解决目前我校内部审计在遵纪守法、依法审计、廉洁自律、工作纪律、工作方法等方面存在的问题，彻底改变审计干部工作作风，使审计行为更加规范化，着力打造一支政治坚定、业务精通、听党指挥、能打胜仗、作风优良、严守纪律的审计铁军，具体做法如下：

1. 全面提升思想认识。中央的八项规定和最近习近平总书记关于厉行节约、反对铺张浪费、反对官僚主义的重要批示精神，是以习近平同志为核心的新一届党中央站在战略和全局的高度作出的重大决策部署；是坚持立党为公、执政为民，是以共产党良好党风带动政风、民风的战略举措；是新时期的"三大纪律八项注意"，是新形势下加强机关作风和廉政教育的重要抓手。省教育厅对贯彻落实中央八项规定和习近平总书记重要指示精神提出了明确的具体要求并做出了重要部署。全处审计人员一定要认真学习，深刻领会高教厅相关要求的丰富内涵和精神实质，坚决贯彻执行，坚定不移地切实加强和改进工作作风。

2. 对照中央八项规定和学校现行规章制度，检查学校现行规章制度是否存在与中央八项规定不一致的地方，督促相关部门及时修改完善校内规章制度。对原有的规章制度进行梳理、修订和补充，编制审计工作指南，分发学校各二级单位，以求规范审计工作。

3. 利用整改契机，在教职工中加大对中央八项规定的宣传力度，聘请会计师事务所专家来校对八项规定进行解读，对审计案例进行剖析，帮助增强职工知法守法意识。

4. 把中央八项规定等系列规定要求纳入年度审计计划、融入每个审计项目中，并作为经济责任审计中对领导干部评价的重要内容。

5. 厉行勤俭节约、反对铺张浪费。反对公款私请、减少公务接待，接待标准要严格控制，坚决不搞公款相互宴请，彻底摈弃这种官场陋习。不在同一个城市就餐，因工作联系确需安排用餐和住宿的，不能提供烟酒，不能超标准安排住宿，应以普通标准间为主，房间不能摆水果、香烟等物品。严禁使用公款搞相互送礼、走访和宴请等拜年活动。不能滥发钱和物，不准以各种名义在节假日突击花钱和违规发放补贴、津贴、奖金、实物等；要认真落实党政机关和领导干部公务用车配备使用规定，严禁为公务用车增加高档配置或豪华内饰，不准违反规定使用公车，严格执行节假日实行公车封存车库制度。不准借用各种名义组织和参与用公款支付的健身活动、高消费娱乐。加强机关管理，节约每张纸、每滴水、每度电。加强对出国人员经费支出来源和出国人员必要性的审核，杜绝使用学校经费出国旅游和出国探亲现象的发生。

6. 切实改进作风，提高效率。审计工作做到"准和快"。"准"是要求审计人员把握政策准、价格调查准、审计结论准；"快"是要求审计人员进行调查快，出具报告快，一般要求在三天内完成价格审核并通知送审单位领取预算审计报告。利用以往积累的审计材料和市场调查结果，逐步建立一个完整而又动态的价格信息数据库，提高设备价格调查取证的工作效率。

7. 严格执行各项廉政规定。坚持依法审计、文明审计和廉洁审计，严格执行"八不准"审计纪律、保密纪律等各项廉政规定，用高于别人的标准要求自己，以严于监督别人的标准来监督自己，落实审计公告和审计回访制度，自觉接受各方面的监督。严禁参与赌博等违法乱纪活动。

8. 构建财务与审计联网，实行在网审计，加强与纪检监察部门的互动，拓宽信息渠道，进一步增加审计广度、深度。

9. 定期加强审计与临时审计相结合，聘请有工作经验人员补充到审计队伍中来，扩大审计覆盖面，提高审计水平和工作效率。

10. 加强审计知识宣传

（1）进一步完善部门的网页建设。及时在学校网页上转发上级有关审计工作政策文件，报道审计消息，方便校内和校外人员了解学校审计工作动态，方便下载报送有关送审材料。

（2）每年召开一次全校性审计工作会议，对学校审计工作进行通报，促进审计结果的有效运用。

（3）聘请审计专家来校做专题报告，帮助教职工加深对审计工作的了解。

11. 按照教育厅要求做好年度财务审计工作。对学校预算与决算工作进行审计评价，力求通过开展预算编制、执行和绩效的全过程审计，全面提高学校预算管理工作精细化和科学化水平。

12. 对校内经营服务实体的经济事项决策、执行和效果进行综合审计。实现从财务收支审计监督向领导干部权力运行监督转变，从经济事项决策的程序性监督向决策、执行和效果的综合性监督转变。编写好审计工作底稿，审计工作底稿是审计人员收集审计证据时所做的记录，充分恰当的审计证据是审计人员作出审计结论的前提。

13. 每年都对上一年发现的审计问题进行一次"回头看"检查，从而增强落实审计整改的自觉性和主动性，强化责任追究，建立健全审计规章，促进管理、提升效益的长效机制。争取利用三到五年时间将使用经费的单位和项目全部纳入审计监督范围，实现有重点、有成效的高校审计全覆盖。

14. 提升审计队伍素质

（1）每年有计划地组织审计人员到兄弟院校参观学习，了解兄弟院校预算审计、财务收支审计和工程预结算审计的具体做法，互通信息，加强交流，以期取长补短，提高工作效率。

（2）每年分期选派人员参加内部控制、工程预算结算、绩效评价和审计档案管理等专题培训，力争在审计人员中培养出更多懂政策、精通业务的专家型审计人才。

（3）在校内外聘请三到五位懂法律、懂工程管理或文字功底比较好又热心审计事业的人员作为特聘审计员，弥补当前在职审计从业人员力量的不足。

（4）建立审计人员 Q 群和微信群，利用现代通信手段加强审计交流，建立网络视频，每周利用一个下午的时间组织学校的审计人员学习有关审计知识、讨论审计工作，提升审计人员的专业素养，加强廉政教育和职业道德教育，推进作风建设常态化，从而进一步提高审计人员的综合素质和拒腐防变能力，打造忠诚干净、敢于担当、勤政务实的审计队伍。

（5）同科技处合作，积极申报内部控制审计、绩效审计、重大项目和重要政策跟踪审计研究课题，鼓励学校员工特别是审计人员参与课题研讨。

（6）鼓励审计人员积极参与各级审计协会举办的审计专题研讨，争取每年有两到三篇审计论文在审计报刊发表。

（7）建立兼职审计员队伍，加强对二级单位的监管力度，随时查办群众提供线索的审计案件。

15. 加大对审计结果的运用，主动向同级党委和上级主管部门汇报审计工作过程中发现的新情况、新问题，保持审计工作常态化。

第三节　工作要求

1. 加强组织领导。要利用召开学习会、报告会、座谈会等形式，不折不扣地学习中央《八项规定》和厉行勤俭节约、反对铺张浪费有关指示的精神实质和省教育厅的相关要求，做到不漏丢一人、不减少一项，干部职工要牢牢树立法律面前人人平等、制度面前没有特权、制度约束没有例外的法律观念，要求审计人员践行认真学习制度，严格执行制度和自觉维护制度。

2. 党员干部要率先垂范，发挥党员的先锋模范作用，带头贯彻执行。党员干部要为广大干部群众作出表率，要以高度的政治责任感率先垂范，要严于律己，当好排头兵。要求别人做到的自己先要做到，要求别人不做的自己坚决不能做。要带头贯彻落实中央"八项规定"，带头深入基层、带头深入审计一线做调查研究，要对照要求带头查摆问题和制定整改措施，以解决问题为目的，做让学校放心，让干部群众满意的内部审计干部。

3. 严格监督检查。坚持通过监督检查，彻底改变官僚主义作风，使机关作风纪律建设明显好转，把检查情况作为年度工作考核的重要内容。对违反工作纪律、造成较坏影响的，情节严重的，要追究责任，给予纪律处分、诫勉谈话和批评教育、取消考核评先资格等。

4. 转变观念，增强服务意识。高校内部审计的服务职能是全方位、多角度的。服务的全方位是指内部审计应服务于学校管理的全过程，而不是某一部分，它包括各个控制点和风险的防范，促进学校的各项活动沿着健康有序的方向发展。服务的多角度是指作为高校的内部审计人员要有全局观和整体感，从实际出发，有时还需要换位思考，分析产生问题的根源并提出建议，及时解决问题。

第四节　工作体会

1. 领导重视，把审计工作列入重要议事日程是做好内审工作的前提。学校把审计工作列入重要议事日程，每年的工作要点、工作总结都对审计工作提出了十分明确的要求。学校的党政主要领导在每年的干部会上，都反复强调审计工作的重要性，对审计工作为学校的发展而做出的贡献给予了充分的肯定。对一些涉及全校工作的重大事项，学校主管领导亲自下达审计任务，并经常指导如何加强对基建、后勤、财务的审计监督。分管校领导更是深入第一线，亲自参与有关审计工作，及时听取审计工作汇报，及时批复有关文件和报告，为审计工作排忧解难。

2. 加强理论学习，提高审计人员的政治素质是搞好内审工作的基础。我们坚持以科学发展观为指导，结合审计工作的实际，坚持不懈地对审计人员进行党的基本理论、基本路线、基本方针教育，坚持对审计人员进行宗旨教育、职业道德和职业纪律教育，形成了讲学习、讲政治、讲正气的良好风气。

3. 加强业务学习，提高专业水平是搞好内审工作的条件。"工欲善其事，必先利其器"。我们采取岗位练兵与短期培训相结合、自学与集中培训相结合、走出去与请进来相结合等形式，对审计人员进行审计法律法规、审计专业知识、审计文书应用和审计档案管理等方面的培训。通过学习，提高了审计人员的业务素质，使其具备了较高的审计操作能力、分析判断能力、文字写作能力和口头表达能力。

4. 实事求是，秉公审计，是做好内审工作的根本。不畏艰难，秉公审计是内部审计的立命之本。我们本着对党和人民、对学校事业高度负责的态度，认真履行审计监督职责，对存在问题早发现、早纠正、早解决，力争将问题解决在萌芽状态。审计中，针对一些被审计单位为维护自身利益，消极抵触，寻找借口，拖延搪塞，使审计工作难以顺利开展的情况，审计人员一丝不苟，严肃对待，发扬锲而不舍的精神，一方面充分运用法律法规赋予的权力，不怕得罪人，坚持原则，敢于监督，认真查证；另一方面以理服人，耐心细致地做各方面的工作，指出存在的问题。

5. 健全制度和完善自身评估是内审工作不可缺少的重要方面。依据《教育系统内部审计工作规定》，审计处每年都要制订出本年度的审计工作计划，做到目标明确，心中有数。逐步在审计实践的基础上建立本校内部审计的规章制度、方法流程，减少审计盲目性，提高审计质量，推动高校内部审计工作走上规范化、制度化的轨道。在本年度结束后，我们对工作进行全面总结并开展审计质量的自我评估。通过剖析、总结，发扬优点，纠正错误，再接再厉，为搞好下一步工作打下了坚实基础。

第五章
实现审计全覆盖，
全面贯彻落实中央八项规定

第一节　概述

为了形成具有强大合力的内部审计全覆盖，全面贯彻落实中央八项规定。本章提出了建立多种类型相结合的高校审计监督系统、做好内部审计规划、建立高校审计人力资源库和审计项目库、致力于提升内部审计人员的素质、积极开展后续审计等设想。实现审计全覆盖，对全面贯彻落实中央八项规定，防范和化解重大风险，确保国有资产的保值增值，促进领导干部的廉政建设和学校的制度建设意义重大。内部审计全覆盖是提高审计监督层次和水平的重要途径，在新的形势下，如何依照法律法规全面履行审计监督职责，加快推进高校国有资源、国有资产、公共资金以及领导干部经济责任履行情况的审计全覆盖，是高校内部审计不容回避的重大课题。

第二节　高校内部审计全覆盖的内在含义

一、审计对象和审计项目的全覆盖

高校内部审计，就是要对国有资源、国有资产、公共资金进行审计，对领导干部进行经济责任审计，也就是对人、财、物进行审计。党政负责人具有相同的职责，在开展高校经济责任审计时，必须将所有二级单位的党政责任人全都纳入审计范围，对所有的财政性资金都要关注到位，全面展开事前、事中、事后的全过程跟踪审计监督。全覆盖还包括了审计项目的全覆盖，即对所有的审计项目进行审计，如财务预算执行和决算审计、基建工程全过程跟踪审计、物资采购审计、领导干部经济责任审计、各项专项审计和专项调查等。

二、全面发挥审计职能

确认、评价、咨询是高校内部审计的职能，审计的目的就是要促进防范各种风险、创造经济效益，加强内部控制，保证审计的全覆盖的顺利实施，从而实现学校的事业目标，更好地贯彻落实中央八项规定。

第三节 目前高校内部审计存在的突出问题

一、学校领导不够重视，审计缺乏权威性

很多高校的领导未能认识到审计的重要性，导致对审计不重视，未能真正发挥内部审计的"确认、评价、咨询"的职能，因为通过内部审计，可以了解学校及各二级单位的资金流量及流向情况，内部管理制度建设及执行情况，管理绩效及存在的风险情况，只有掌握了这些情况，才能在做决策时做到心中有数，有的放矢。因此，目前明智、有远见的学校领导都是亲自抓审计工作。

二、许多高校审计机构不健全，审计人员专业水平低

有些高校未能设立独立的审计机构，审计队伍人才匮乏，甚至有些高校只配备一名专职审计人员，懂经济、会计、基建工程、计算机技术等复合型人才更是稀缺，在当前时间紧、任务重、人手少的情况下，这严重制约了高校内部审计事业的发展。高校审计的全覆盖，是审计项目和审计业务的全覆盖。这要求审计人员要有较高的专业素养，部分高校的财务审计，只停留在"查错究弊"的传统审计阶段，未能实施以风险为导向的管理审计，对项目的效益和绩效关注不够，审计人员知识结构单一，难以对整个项目进行全方位的评价，审计全覆盖要求

的不仅仅是查错补缺，纠正错误，更重要的是对整个项目质量进行监督和评价。

三、审计信息化手段落后

目前大部分高校审计信息化程度低，难以实现审计信息共享，处理数据方法单一，传统的审计手段和方法已经不能满足审计监督和服务的需要，大数据、云计算等信息化审计只停留在概念层面，未能真正应用到审计实务中，审计工作的效率和质量有待进一步提升。

第四节 高校实现内部审计全覆盖的对策

一、建立全方位的高校内部审计监督体系

高校内部审计，也就是对高校的"人、财、物"进行审计，应当把高校领导干部经济责任审计和财务预算执行与决算审计财务收支审计放在首位[1]，有宽度、有广度推进审计工作，对它们进行全面的轮审；经常性地开展高校专项审计和审计调查，从中发现各二级单位内部控制的薄弱环节，及时堵塞漏洞，及时发现腐败的苗头，充分发挥高校内部审计的基础防线作用，防患于未然；为了解决高校内部审计任务重、人员少的矛盾，充分利用社会审计力量，在上级审计部门和学校的统一领导下开展审计工作。

二、认真做好内部审计规划

当前，高校对预算资金的管理是实行收支两条线，除了一些没有归入学校财务大账的校办产业外，各二级单位是学校财务处进行统一核算，所以，要十分重视财务收支预算的编制，在审计时加以重点关注。高校内部审计人员应当按照省教育厅的统一部署和学校领导的指示，根据本校的实际情况和年度工作计划，详细制定出高校年度审计工作计划，明确审计目标，确定审计方式，细化审计内容，确定审计重点，把审计风险控制在可承受的范围之内。

三、建立高校审计人力资源库与审计项目库

省审计厅、省教育厅、地方审计局和高校内部审计机部门是四大审计主体，整合四大审计主体的审计人力资源，建立高校内部审计项目数据库与人力资源数据库，形成人才资源的协调发展与共享，在实施内部审计时四大审计主体各司其职：省教育厅负责统筹协调和组织实施；省审计厅负责督促落实高校建立健全内部审计制度和监督检查内部审计工作；地方审计局接受委托开展内部审计工作；高校内部审计部门在省教育厅与审计厅指导和管理下开展工作。

四、准确定位，做好"三个服务"

坚持做好"三个服务"即为"为防范学校经济风险服务，

为提高教育资金使用效益服务，为解决教育改革和发展中出现的突出矛盾服务"，将"三个服务"作为审计工作的出发点和落脚点。在做好"三个服务"的基础上，正确处理好服务与监督的关系，强化审计服务意识，认真履行审计监督职责，全面提升审计能力和审计工作水平，增强审计工作的积极性、主动性和针对性。同时要努力实现审计工作法治化、规范化和科学化，积极构建与教育改革和发展相适应的内部审计机制。

内部审计不仅仅是资产的守护者、财务账表的复核者，更是规范管理的促进者、提高效益的推动者、价值增值的倡导者。正如刘家义所指出的：现代内部审计从本质上讲是本单位的"免疫系统"，根本目的是提供组织自身的"免疫力"，保证其健康安全，促进其可持续发展。所以高校内部审计要树立科学的审计理念，要在维护学校财务收支真实、合法、有效的基础上，承担起推动学校内部审计制度建设、规范管理、防范风险、提高效益的重要职责，要在"内"字上下工夫，充分体现内审的特色，使内部审计的特殊作用得到充分的发挥。

五、突出重点，讲求实效

内部审计涉及的范围非常广泛，内容十分丰富。多年来致力于审计全覆盖上下工夫，经过大胆的探索和实践，开展了人力资源利用审计、决策审计、合同审计、管理审计和经济效益审计等工作。今后，随着教育改革的深入、外部环境的变化，审计理念、审计准则、审计方法和技术的不断发展，高校更应拓宽审计领域，向"以财务收支审计为基础，强化管理审计、绩效审计、责任追究"的综合审计发展。当前高校应重点抓好五个方面的工作：

（一）预算执行审计

教育部要求未开展预算执行与决算审计的学校要按照上级文件的要求，尽快制定实施办法，将预算执行与决算审计列为年度常规工作。已经开展预算执行与决算审计的学校，要进一步提高工作质量，将审计关口前移，安排内部审计机构在事前介入，了解预算编制和调整情况。要对本校级和所属单位年度执行预算情况进行经常性审计，对决算的真实性、完整性、合法性进行确认和审查。通过审计，进一步增强严格执行预算的自觉性，促进学校合法理财、科学理财，提高经费使用效益。同时高校主管部门应对高校开展预算执行和决算审计进行指导和监督。要组织力量，对高校预算执行和决算情况进行定期审计和审计调查，并及时公布审计和审计调查结果。

（二）专项资金审计

要继续加强对各类专项资金的使用与管理效益审计，加强事前、事中和事后的全过程跟踪审计工作，不仅要督促有关单位做到专项资金专款专用，更要注重提高资金利用效率，保证把有限的资金用到"刀刃上"和关键处。

（三）建设项目、修缮项目审计

近年来，不少高校积极开展了建设工程项目审计，对有效控制工程造价、降低工程成本、完善建设工程管理、维护学校合法权益、促进廉政建设起到了积极作用。但各高校开展该项工作的进展不平衡，为进一步加强和规范建设工程审计，教育部对建设工程项目实施全过程跟踪审计的范围、内容、审计报告及审计机构资质等提出了明确规范要求。各高校应按照教育部要求，加大建设项目的投资估算、勘察设计概算、施工预算、竣工结算、财务决算等环节的全过程审计力度，形成全过程、全方位、经常性的审计全覆盖监督制约机制，促进学校严格执行预算、规范建设过程管理、提高投资效益、节约建设资金。

（四）经济责任审计

为进一步规范高校领导干部经济责任审计工作，充分发挥经济责任审计的作用，更好地利用审计结果，教育部要求各高校要坚持"积极稳妥、量力而行、提高质量、防范风险"的原则，进一步做好经济责任审计工作。在经济责任审计工作中，要加大对重大经济决策及效果审计、内部控制制度健全及执行情况审计力度。通过审计报告的交接，使领导干部更加明确应承担的经济责任，解决长期挂账的遗留问题和新官不理旧账的问题。通过领导干部经济责任审计，充分发挥审计监督的警示、防范作用。

（五）绩效审计

绩效审计，既是新的审计项目，也是贯穿以往传统审计项目中的老内容。开展该项工作应坚持"经济性审计""效益性审计"及"效率性审计"三个具体准则，将绩效审计和财务收支审计、预算执行审计和经济责任审计相结合，积极开展绩效审计。要从提高管理水平、避免损失浪费等方面入手，找出管理、效益、体制机制等方面存在的突出问题，提出对策意见和建议，推动高校建立绩效管理的制度机制，提高教育资金使用的规范性、安全性和有效性。

六、积极开展后续跟踪审计

审计项目结束后，次年应开展后续跟踪审计，进行"回头看"，通过实地查看、审阅审计材料等方法检查整改是否真正到位，只有这样，才能做到审计出来的问题得到彻底解决。实施审计整改责任追究。被审计单位、被审计项目的负责人是第一责任人，对审计出来的问题要其制定整改方案，限期整改；对审计提出的整改意见要其认真落实，严格责任追究[2]。审计部门和纪检部门要协调配合，确保内部审计的严肃性和权威性。

高校内部审计全覆盖，是指有重点的全覆盖，并不是完全覆盖，更不是详细审计，是由以风险为导向的管理审计理念和审计的重要性原则所决定的。高校实现内部审计的全覆盖，关键是以风险为导向，按审计的重要性原则进行分类和管理，重要性水平的确定，应由高校的内部审计人员根据各自的审计环境，充分考虑审计风险，进行有效的职业判断。实现高校内部审计的全覆盖，可以有效地防范重大风险，最大限度地减少和防止经济损失，增加组织的价值，并对全面贯彻落实中央八项规定，有着十分积极的现实意义。

第六章
践行高校内部审计
"免疫系统"功能

第一节　发挥"免疫系统"保护功能，探索审计本质，与时俱进

随着我国经济的不断发展，内部审计的职能也在不断地发生变化。审计"免疫系统论"就是审计理念不断发展和完善的结果，要突破传统的审计理念，就要不断地与时俱进，不断地进行调整和深化，从而使内部审计的定位更加准确，使"免疫系统"的保护功能得以充分发挥。

内部审计的本质是"免疫系统"，内部审计的目标就是要维护好广大职工的根本利益。所以，内部审计不单负有经济责任，还包括了社会责任，要依法依规独立进行审计，既要维护好单位的经济利益，关注可能出现的各种风险，还要肩负起社会责任。内部审计的理念经历了几个阶段的发展。从过去的

"看门狗"和"经济卫士"到现在的"免疫系统论",在工作中要树立大局意识,要树立宏观意识,对那些危害机体健康的病毒要及时清理,紧紧围绕单位的中心工作,自觉地、主动地、有效地提高服务大局的意识,对那些危害单位经济的行为要及时"预警",要时刻把广大职工的利益放在首位,工作中始终保持科学发展的理念,查找工作中存在的政策和制度缺陷、体制性障碍和管理上的问题,使现代审计的理念能贯穿审计工作始终。实现内部审计的监督和服务的职能,不断对现有的审计进行改造和提升,增强审计机构的独立性,想方设法提高内部审计人员的综合素质,切实改变审计工作作风,转变审计观念,对审计流程进行再造,提高审计工作效率,从而实现"免疫系统"的保护功能。

现代内部审计,不能只关注资金,不能只关注账务,要从一个单位的体制、机制和制度上查找可能存在的不合理地方,不能只是查错纠弊,要把金融风险、经营风险和财政风险放在首位,把维护单位的利益和广大职工的利益作为审计的根本目的,始终坚持实施"以风险为导向"的管理审计。如我校的物资采购审计,我们不仅要对其金额进行审计,而且要对其审批程序进行审计,客观上要求审计人员要从体制、机制和政策层面去分析,熟悉本单位的各项规章制度,努力查找可能出现风险的各种蛛丝马迹,真正做到"未雨绸缪,防患于未然"。

第二节　发挥免疫系统的清除功能，加强审计查处，精准审计

在审计的过程中，对于我们发现的问题，要依据法律法规，要努力做到证据确凿，证据链条完整，对查出来的问题要一查到底，还要实行"回头看"制度，充分发挥免疫系统的清除功能。

处理案件，惩治腐败。由于目前的各项制度不够完善，监督的力度也存在欠缺，使腐败行为时有发生，对单位的经济造成了极大影响，侵犯了广大职工的利益，在社会上造成了恶劣影响。内部审计要发挥好监督的作用，对腐败分子要给予震慑，对于审计部门，要履行好职责，不怕得罪人，对查出来的问题、要落实和跟踪，把后续审计落到实处，只有这样，才能增强审计的影响力和震慑力。

审计结果公示，阳光审计。实践表明，审计结果公示，能够引起被审计单位的重视，效果十分明显。我们在审计报告中所提到的问题，提出的建议，被审计单位会认真查摆自身存在的问题，一一进行对照，对审计提出的意见和建议想方设法进行整改。如我处定期将审计结果在"广东医科大学办公网"上公开，让审计部门的审计成为全体职工的审计。谁敢滥用权力、盲目拍板，那就会被暴露于阳光之下。审计结果公开不仅体现审计内部严格责任追究制度，对于违规、违

法行为也进行严肃处理，给广大职工一个认真负责的答复，而且强化了审计对权力的制约和监督，给职工以知情权，提高了决策的民主合法性，化解了和谐社会构建过程中的种种矛盾。

第三节　发挥免疫系统的修补和预防功能，强化审计理念，完善机制

　　内部审计的目的，不是为了查问题而查问题，更重要的是要帮助组织实现其目标，因此，审计的重点要放在关注其体制、机制和制度，关注存在的风险点，对于可能出现的风险，要知道如何应对，知道如何采取必要的措施，要对问题进行剖析，提高内部审计解决问题的能力，发挥免疫系统的修补功能。

　　生物学里所讲的免疫系统，是生命机体赖以生存的重要系统，不单能杀死入侵的细菌和病毒，而且能对入侵的细菌和病毒提前发出预警，使机体能调节自身的功能，调动自身一切可以调动的力量，消灭一切来犯之敌。内部审计就具备了这种免疫系统功能，能对各种存在的风险进行评估，揭示单位在机制体制及制度上存在的不足，使内部审计的预防功能得以发挥。

　　发挥预警功能，坚持实施预算审计。过去是以事后审计为主，往往给经济犯罪分子钻了空子，给一个单位的经济造成不

可挽回的损失。因此，必须改事后审计为事前、事中和事后审计。在审计立项前，对某一类事项或审计对象进行"拉网式"侦察摸底、排查预审，在此基础上确定审计项目，做到有的放矢、精确打击。通过预审，不仅消除了审计盲点，而且对堵塞漏洞、提前预警、防范风险起到了良好作用。

内部审计的免疫系统功能，客观上要求不只是实施以预防促效益，而是更要积极开展重大项目跟踪审计。开展跟踪审计也是发挥审计免疫系统预防功能的一条重要途径。特别是对一些建设期长、投资金额大的投资项目，这些大项目往往是经济犯罪分子的目标，是经济腐败的重灾区，是内部审计重中之重的工作。如对投资建设的学生公寓楼，就实行全过程跟踪审计，除了本部门内审人员跟踪审计外，还聘请了广东省中量造价咨询有限公司对该工程造价进行全过程造价监控。在这过程中，注意到建筑材料的价格，在很大程度上决定了整个工程的造价，因此，对建筑材料的购买，进行了严格把关，凡是标书上没有注明的建筑材料，会同后勤部门、施工单位、质量监理单位和造价咨询单位到材料供应市场，将材料的品牌、规格、单价现场确定下来，并拍照作为档案永久保存，为将来的结算审计打下坚实基础。

总之，要发挥内部审计的免疫系统功能，内部审计必须实现三大转变：由传统的"查错纠弊"会计审计向"以风险为导向"的管理审计转变，由事后审计向全过程跟踪审计转变，由以手工审计为主向以大数据、云计算的计算机审计转变，在实际工作中，应如何发挥免疫系统的保护、清除、修补和预防功能，降低客观存在的各类风险，使单位的各项事业得以健康发展，是内部审计目前乃至今后很长一段时间都必须思考的重大课题。

第七章
高校内部审计若干问题的研究

第一节 高校内部审计面临的问题

当前高校存在的一些问题，已经严重制约了内部审计事业的发展，本章从高校实际出发，阐述这些问题的成因及应采取的应对措施。回顾高校内部审计多年来的发展历程，内部审计的地位一度受到质疑，但经过全体审计人员的不懈努力，审计地位得到了全面的提升，已成长为一支不可或缺的审计团队，能为高校各项事业的发展保驾护航。但是，在取得辉煌成绩的面前，我们要清醒地认识到，高校内部审计还存在不少问题，还有很多地方不够完善，必须下大力气去整改，要认真履行好审计的职能，只有这样才能立于不败之地。

一、安于现状，审计理念陈旧落后

目前仍有相当一部分的高校审计理念十分陈旧落后，仍停留在"查错纠弊"和主要关注资金使用的真实性与合规性上，就账论账，就资金论资金，审计风险意识淡薄，以事后审计为主。如许多高校科研经费审计，事前科研项目没有经过审计，事后科研人员到财务处报账，被财务人员告知该款项要经过审计部门的审计，审计人员迫不得已，只好办了审计手续，这样的结果是没能发挥审计应有的作用，使审计流于形式。

二、重视不够，未能独立实施审计

目前高校内部审计机构的设置有以下几种形式：一是独立设置审计处，由校长或副校长分管；二是与纪检部门合署办公；三是设置财审科，在财务负责人领导下开展工作。内部审计的独立性是内部审计发挥监督和评价职能的基础，内部审计人员要依据事实，独立判断，客观、公正地出具审计报告，内部审计的独立性是内部审计的本质要求。以上第二和第三种机构设置会使审计的独立性大打折扣，严重地影响了内部审计开展审计工作的独立性，严重地影响了审计的客观性、公正性，严重地影响了审计人员履行审计的职责。目前即使很多高校已经单独设立了审计处，其独立性还是欠缺的，因为审计处是学校的二级行政管理部门，开展对同级部门的审计监督，其监督职能很难充分发挥。

三、滥竽充数，人员素质普遍低下

内部审计是一项专业性十分强、要求高且业务较为复杂的工作，客观上对审计人员提出了很高的要求，但目前高校的内部审计人员普遍素质低下，大多数是从会计岗位转到审计岗位，专业技能单一，缺少基建工程方面的人才，熟悉会计又熟悉基建工程的人才十分稀缺，内部审计人员除了要具备会计、审计、经济、金融和基建工程的知识和技能，还要熟练掌握计算机应用技术，因此，内部审计对这种复合型人才的要求十分高。

内审人员的综合素质普遍不高，首先是学校领导对内部审计重视不够，未能从全国各地广纳人才，目前高校对人才招聘有严格的要求，第一必须具有硕士研究生学历，第二是年龄在35岁以下，符合条件的应聘人员往往对工作环境和工资待遇有很高的要求；其次是学校将素质高的人才充实到教学和科研一线。由于以上原因，内部审计的队伍力量变得十分薄弱。

四、手工审计，现代审计手段不足

（一）审计线索的影响

在审计工作中，线索是一个关键。在原来手工操作的会计资料中，线索一般从账表、原始凭证中收集、整理、梳理，从中发现问题，每一条线索都很清晰完整。但会计实施信息技术后，会计资料的产生发生了明显的变化，纸质记录为磁性介质所代替，审计获取的资料要通过计算机来完成。虽然会计的数据在计算机中自动生成差错率降低，但也存在一定程度的隐患，审计线索的可视度减少，如凭证的摘要简要化，个别人舞弊由计算机来完成不留痕迹，导致审计线索模糊，给取证带来了难度，也增加了审计人员的压力。

（二）缺乏复合型人才

高校已广泛开展计算机审计工作，但计算机审计是会计、审计、信息技术多学科的集合。目前审计人员在实施计算机审计过程中，由于缺少计算机专业知识，仅局限于对软件的使用，只对计算机输入的数据资料审查，而对会计软件的风险控制了解很少，也没有能力对计算机信息系统进行内控审计。当今西方发达国家已有注册 IT 审计师，我国高校内审队伍中缺乏这种复合型人才，已严重制约了高校内审信息技术的应用和发展。

（三）高校审计软件尚需完善

我国目前已引进和开发了不少审计软件，对高校开展计算机审计起到了积极作用，但在使用过程中，由于软件开发商与现场审计人员沟通不够，其软件功能还没有满足高校审计工作的需求。加上审计人员自身和软件价格等原因，造成使用该软件的高校还不多，在一定程度上制约了高校计算机审计工作的开展。

自高校扩招以来，高校的各项事业得到了空前的发展，审计涉及的资金量成几倍甚至十几倍的增长，审计的项目也比以前翻了好几番，内部审计每天所面对的是海量的信息，如何从海量的信息中找到有价值的信息，是高校目前必须解决的突出问题。然而，目前高校内部审计仍以手工审计为主，应用计算机辅助审计程度不高，大数据、云计算等现代化审计手段只是停留在概念层面，落后的审计手段已经成为制约内审事业发展的瓶颈。

五、审计完毕，结果报告束之高阁

当前，随着高校各项事业的发展，审计项目和类型比以前增加了很多，如干部经济责任审计、财务预算执行与决算审计、基建工程审计和各种专项审计等。审计报告中对查出来的问题都提出了整改的意见和建议，但由于学校领导不够重视，审计报告往往被束之高阁，对查出来的问题未能跟踪落实，整改效果不明显，年年审计发现的都是相同的问题，屡查屡犯，高校未能真正实施后续跟踪审计工作，从而使后续跟踪审计流于形式。

第二节　高校内部审计面临的挑战

一、随着高校体制改革的不断深入，高校财务成为高风险领域

我们传统的高校内部审计，都是以账务、账项审计为主，

通过账项审计发表意见，很少有把所有的单位都结合起来，对共性的问题进行分析，提出可行性对策，从微观的层面上升到宏观的层面。现实的情况是，从高校本身的财务管理来说，内容越来越多，包括投资融资等多种形式，要求内部审计要从基础的财务审计向风险导向审计转变。从高校治理的角度看有几个高风险区：基本建设投资是案件频发的领域，学科建设容易发生挤占挪用现象，产业投资容易发生损失浪费现象。

二、外部的期望值太大

内部审计有着先天的优势也有着天生的劣势，那就是其"内部性"，它不可能具有国家审计那样的独立性，很难做到完全意义上的独立审计监督，这几年经济犯罪的狡猾程度越来越多样性，内部审计受审计手段和成本的制约，很难使所有的审计事项都能达到预期效果。从领导干部经济责任审计来说，国家审计已经发展到很高的程度，作为组织工作、反腐倡廉工作的一个重要手段，审计署在经济责任审计方面已经做了众多的部长、省长的离任审计，涉及评价的指标体系，已经发生了翻天覆地的变化，但是群众的期望值和我们反映的审计结果还是会有差距，形成差距以后会使我们的审计形象受到损害，对我们的影响非常大，造成了很大的压力。所以，无论是外部舆论，还是学校领导，要给我们定一个合理的职业取向，要合理地确定对我们的期望值，只有我们的工作成果和期望值相吻合的时候，我们的审计价值才最高。

三、实行审计公示制度是把双刃剑

从好的方面讲审计结果的公示，是依法行政，政务公开的要求，也是一种发展趋势；从另一方面讲，审计公示制度会对我们审计本身要求更高，公告内容不能有任何偏差。国家审计署的审计公告，包括经济责任审计的公告，评价不能有偏差，如果有偏差会影响审计的公信度。最关键的是我们要和被审计单位、被审计人有一个明确的经济责任划分，最怕前脚走，后脚出问题，该查的没有查出来，有时影响很恶劣，也给审计人员造成很大的压力。由于审计涉及范围，涉及期望值，鉴于当前的手段和方式方法的限制，我们不可能面面俱到，也不可能什么都查得出来，但公众的评价却只来源于他们看到的结果。这就对审计人员提出了要求：第一要有良好的职业道德，遵守职业操守；第二要保证自己的风险在可控的范围之内，该查的一定要查，通过责任追究责任制，保证审计质量，通过建立审计质量控制体系，从审计工作方案，审计工作底稿，审计工作报告，最后形成预案、审计公告，整个过程都在可以控制范围以内，如果出现问题，完全按照审计方案规定的内容，根据分工，分清责任，追究责任，保证审计目标的实现和审计效率的提高。

四、监督与服务的建设性作用有待进一步发挥和提高

正确处理监督与服务的关系，发挥建设性服务的作用，一

是通过审计为高校领导干部提供客观真实的财务信息，为领导的管理决策当好参谋助手；二是通过审计，促进部门、单位遵守国家的法律法规，规范管理；三是通过审计，及时揭露发现问题，防患于未然；四是通过审计，为干部队伍的管理和队伍的廉政建设，提供有说服力的建议，在这方面内部审计有很多优势。内部审计要围绕学校发展的中心工作，为学校的可持续性发展做出卓有成效的工作。

第三节　内部审计应采取的对策

一、与时俱进，更新内部审计理念

没有思路就没有出路，贯彻落实科学发展观首先要体现在工作思路中，要在把握高校发展规律的基础上进一步解放思想、更新观念、提高认识，树立科学的审计理念。所谓科学的审计理念，就是要深入理解以下八个方面的内容：1. 要把科学发展观作为审计工作的灵魂和指南。2. 要认清现代审计的本质是担当经济卫士，是国家经济社会发展的免疫系统。3. 要始终坚持审计工作的二十字基本方针，明确"依法审计、求真务实"是审计的最基本要义；"围绕中心，服务大局"是审计的重要战略；而"突出重点"则是审计的基本方法。4. 要时刻牢记审计工作的根本目标是维护学校的根本利益。5. 要明确审计工作的首要任务是维护国家安全，保护国家利益，推进民生发展，促进全面可持续发展。6. 要准确把握审计的基本特征，审计工作要立足建设性，坚持批判性；要立足服务，坚持监督；要立足全局，坚持微观揭露与查处；要立足主动性，坚持适应性；要立足开放性，坚持独立性。7. 要认真总结经验，坚持走中国特色的审计之路。8. 要铸牢审计工作可持续发展的根基，强化审计的文化建设、理论建设、规范化建设、信息化建设和队伍建设。这八个方面具有鲜明的时代特征，为新形势下开展审计工作指明了方向。

高校应更新与时俱进的审计理念：全面落实科学发展观，坚持审计特色鲜明、审计质量争优、科学研究攀高、审计工作创新。以提高人员素质为本，德业并举，一专多能；理论联系实际，注重可持续发展的科学研究；强化质量意识，以质量为立审之本；创新内审工作，走管理审计发展道路；最终实现"审计不是为了审计"这一科学命题。始终秉承"勤奋严谨、自树善治"的审计精神，始终关注内部审计的发展规律，坚持以促进提高学校管理水平和内部控制建设为导向的发展战略，结合内部审计改革趋势以及学校的实际情况，准确把握自身定位，即：秉承审计传统、创新审计模式、发展管理效益。高校要更新审计理念，就不能就账论账，就资金论资金，要从体制、机制及制度层面去分析研究，评估可能存在的各种风险，将审计关口前移，应用现代化的审计手段，积极开展内部控制审计、绩效审计、领导干部任期经济责任审计和基建工程的全过程跟踪审计，物资采购的事前、事中和事后审计，将"以风险为导向"的管理审计理念贯穿于审计的全过程，努力实现三大转变：由"查错纠弊"的传统审计向"以风险为导向"的管理审计转变，由以手工为主审计向以计算机应用技术辅助审计转变，由基建工程的阶段性审计向全过程跟踪审计转变。

二、独立审计，发挥审计监督职能

高校独立开展审计工作，是内部审计的本质要求。首先学校领导应帮助内审部门创造良好的环境，配备充足的专业人员和专业设备，保证足够的经费开展各项审计业务，使内审人员能独立开展审计工作，依据客观事实作出职业判断，出具高质量的审计报告。其次要把规范管理、依法审计作为高校审计的基本前提，切实加强高校审计制度建设，不断完善审计规范体系建设，要把审计质量作为审计工作的生命线，严格遵守审计准则，执行工作程序，积极探索科学的审计管理方法，树立风险意识，强化责任意识，建立健全审计质量控制制度；要把文明审计、加强审计队伍的作风建设作为审计工作的重要保障，树立服务意识，为实现教育优先发展、建设人力资源强国服务，为能向全体国民提供优质、公平的教育机会服务，以饱满的热情、积极的态度履行审计监督职责，廉洁自律、克己奉公。

三、顺序渐进，提升人员综合素质

内部审计人员综合素质的高低，是决定审计工作质量与效率最关键的因素。全面提升内部审计人员的综合素质，应采取以下几方面的措施：

（一）重视精神、情感等非制度层面的管理，将审计人员的思想政治教育放在突出的位置，形成"德育一体化"的育人机制

以职业道德教育为重点，强化审计人员的爱岗敬业精神和依法审计意识，培养"外树形象，内强素质，争创一流工作业绩"的团队精神，恪守客观、公正、诚信、勤勉的职业道德；以终身发展为目标，为审计人员进行职业生涯规划，使每个审计人员有明确的发展方向和奋斗目标，全处上下相帮相助，携手共进，从而使得人人心齐气顺，士气高涨；以文明建设引领思想教育，倡导"和谐审计、文明审计"，做到"和而不同，美美与共"，将人格力量内化于工作，内化于身心，同志间坦诚想见，互相包容，营造出融洽和谐的工作氛围。实现全面育人、全过程育人、全方位育人，培养德才兼备的高素质人才。

（二）选派人员参与国家审计和社会审计

国家审计是一种执法行为，对审计证据的收集要求十分高，强调证据确凿，证据链条完整，客观上对审计人员提出了很高的要求；社会审计主要是会计师事务所的审计，会计师事务所审计专家云集，工作经验十分丰富，内部审计人员若参与其中，将大幅提升内审人员的业务水平和职业判断能力。

（三）选派人员参加业务技能培训

选派人员分批次参与内部审计协会举办的各类培训班，坚持缺什么补什么，做到精准培训。以"发展业务专长，培养复合型人才"为目标，全面实施人才强审战略，坚持自学与培养并举，推进高层次人才团队建设和后备人才培养计划，对每个人的学历教育、职称教育、资质教育都进行合理规划，为每个人确立不同阶段的学习目标，使各类学习有计划、有组织、有安排，并提出"三高"发展目标，即：高学历、高职称、高资质。打造一支"一专多能"的结构合理、理念先进、素质优良的审计队伍，为高校内部审计事业奠定坚实基础。

（四）广纳人才，充实内部审计队伍

学校领导应高度重视审计队伍的建设，把审计方面的人才招聘和科研人才的引进放在同一高度，对一些能力强、业务精、品德好、作风优的审计人才应降低招聘门槛，唯才是举。加强与兄弟院校的交流，每年定期或不定期召开兄弟院校审计经验交流会，互相学习，取长补缺，借鉴好的经验和做法。每周召开一次部门审计会议，经常性召开部门审计会议，可以促使审计人员勤于思考，认真总结工作经验，有利于工作能力的提高。

（五）鼓励审计人员积极参与理论研究

学校应建立激励机构，鼓励审计人员积极进行审计研究，

鼓励审计人员将审计科研成果和实践经验转化为教学资源，促进教学内容的更新与深化，使得科研、教学和实践相互支持、彼此融合；鼓励审计人员积极申报课题和撰写论文，勇于探索新的领域。

四、与时俱进，运用现代审计手段

随着计算机技术的迅速发展，手工记账已被电算化代替，信息系统日益成为整合资源、提高效率的重要手段，为适应形势，现代审计必须积极探索计算机辅助审计的模式，推进审计电子化、数字化、信息化进程。要在配置计算机硬件以及实现网络化操作的基础上，深入研究审计软件与会计信息系统的接口问题，开发适用于本部门、本单位的审计办公自动化系统与审计业务处理系统，借助信息技术提高审计工作效率，提升审计工作层次。要采用现代审计方法，促进高校审计工作转型，从以真实性、合规性为导向的财务收支审计为主，向以真实性、合规性为导向的财务收支审计与内部控制和风险管理为导向的管理审计转变。

（一）做好高校内审信息化建设

随着会计信息化系统的日益完善和提升，高校审计工作面临很大的挑战。高校内审应制定合适的审计信息系统标准和规范的工作程序，建立会计信息系统的内部控制审计评估体系。同时充分利用学校人力资源的优势，做好计算机审计工作的组织与规划，不断完善和开发统一的适合高校审计工作的软件，以推动高校信息化审计工作的开展。

（二）做好信息系统的内部控制审计

过去对手工会计资料进行审计，表现在人对人的检查，查阅有关资料即可。但在信息化环境下的审计工作表现在人与计算机的人机结合方式，内部控制的重点和环节发生了变化。除了对一般的会计业务审计外，更重要的环节是对会计信息系统内部控制进行审计，即对其软件的设计、运行、安全和信息系统管理办法等方面进行有效的监控，以保证会计获取的会计资料真实、可靠。因此在当今审计工作中，要制定切实可行的计算机内控办法，提高防范风险的能力。

（三）做好人员的培训和人才引进

计算机辅助审计是集会计、审计、计算机、信息系统为一体的交叉学科，需要复合型人才。目前高校审计队伍结构中普遍存在知识单一的状况，为了加快高校内审信息化进程，要统筹规划加大对审计人员定期培训更新知识和观念，并鼓励审计人员参加国际注册内部审计师、注册信息系统审计师的考试，以提升审计人员的业务素质。同时还要引进专业人才，打造一批既熟悉会计、审计业务知识，又精通计算机知识的复合型人才，利用高校学科优势聘请有关专家开展信息技术审计的服务与指导工作，以适应高校内审工作的需要。

前审计长李金华曾说过，"不懂得应用计算机进行审计，将失去审计资格"。这句话虽然是针对国家审计，但我们内部审计也应引起足够的重视，高校应加强对审计人员的培训力度，学习先进的技术和方法，安装与各职能部门使用的计算机相匹配的审计软件辅助审计，提高审计部门的信息化建设水平。

五、抓业务规范，全力打造精品案卷

（一）作业程序化

项目审计作业程序的规范化标志着内部审计的职业化水平。为此，从项目立项到审计报告的审定、下发，对全部作业环节都要做详细的规定，编制工作流程图和文字说明，规范项目作业架构，从而形成图文并茂的程序化规范体系。

（二）文字格式化

结合内部审计准则和工作实际，配合内审程序的每个环节，设计各种文书和配套表格，对文书、表格的要素和样式统一标准，规范文书撰写要求，形成格式化。同时以文书规范化促进作业现代化，优化项目审计计划和细化审计方案，在文书要素安排上设计必要的质量控制点，避免审计工作的随意性，促进审计工作质量的提高。

（三）档案标准化

制定"精心整理，严格规范，管理有序，为我所用"的档案管理制度，做到谁主审谁立卷，审结卷成，定期归档；建立档案标准次序卷，形成案卷内容电子化模型，规范立卷归案管理体系，形成标准化。

（四）质量控制责任化

为保证审计项目顺利完成，高校应对审计程序中审计方案、审计报告、审计档案等全过程的多个环节实行质量控制，对每一环节都提出明确的质量要求，并确定责任者，实行责任追究制度，规范重要环节的质量控制，形成责任化，保证审计质量的提高。

六、增强法纪观念，依法理财，规范财务行为

遵守法律法规，这是高校财务管理遵循的最基本的原则，也是提高管理水平的基础。对高校来讲，一是要合理合法地利用资源，多渠道地筹集资金，促进教育事业的可持续发展；二是要合理地配置资源，理顺各方面的关系，兼顾学校的经济效益和社会效益，为学校的可持续性发展奠定坚实基础，在努力争取上级部门的财政拨款、大力提高办学效益的基础上，积极利用有形的、无形的资源，拓展收入渠道，切实改善高校的经济环境，提高资金的使用效益。

七、完善高校财务管理体制架构，加强内部管理，健全高校财务管理体系

建立健全高校各个层次的经济责任体系，重点关注资金运用，落实制度执行，关注内部管理，重视内部控制约束力的严肃性和有效性。要以高校财务二级管理体系改革为契机，建立一个科学、合理、完善的财务管理体系，改变学校二级核算单位管理权限过大的情况，明确学校财务处统一管理学校的财务工作，切实提高财务的控制能力和监控能力。同时，要不断强化预算管理，我国的预算法缺乏刚性，不够细化，可以多次调整，预算本身不科学，造成预算和决算差别太大。在预算管理方面，要细化预算，增强预算的刚性和可执行性，提高预算管理水平。

八、建立比较完善的财务监督体系

这个监督体系最好是五位一体的，会计监督、审计监督、国有资产监督、行政监督和监察监督五位一体的监督体系，对进一步提高财务管理水平有非常重要的现实意义。衡量一个学校的内部控制制度是否完善，一个指标就是一看制度本身是否完善；二看这个制度是否有效执行；三看执行中存在的问题是否能及时反馈。截至目前，高校内部控制中还存在薄弱环节，关键的一条是没有有效牵制，一是各单位、各部门之间缺乏互相制约和互相监督，没有有效的民主监督机制；二是内部制度

零散，没有真正形成体系，目前的内部控制还停留在松散的会计控制层面；三是高校的管理部门，各院部、产学研后勤等部门缺乏相互协同；四是没有真正贯彻责任对等原则，对职务职责权利没有有效形成制约，尤其是对权力的制约方面，还不是太完善。

九、坚持不懈，做好后续跟踪审计

后续跟踪审计是内部审计中十分重要的一环，只有坚持后续跟踪审计，坚持对审计结果进行"回头看"，才能彻底根除"年年审年年犯"的老毛病，才能使查出来的问题得到整改，充分发挥内部审计的优势，促进审计整改，促进提高管理水平，才能提高内部审计的权威性，才能使内部审计的职能得以发挥。

第八章
内部审计如何为构建
和谐校园保驾护航

第一节　概述

胡锦涛同志指出："和谐社会，是民主法治、公平正义、诚信友爱、充满活力、安定有序、人与自然和谐相处的社会。"和谐社会不是没有利益冲突的社会，而是一个有能力解决利益矛盾和化解利益冲突，并由此实现利益关系趋于均衡的社会。同理，和谐教育与和谐校园也不是没有矛盾，没有利益冲突，矛盾和问题要由教育审计机构和人员通过各类审计发现、揭示并通过评价、建议、整改来促进教育利益均衡和教育事业的发展，从而达到教育的和谐。

党的十六届三中全会作出的《中共中央关于构建社会主义和谐社会的决定》，充分阐述了构建社会主义和谐社会的指导思想、目标任务、工作原则和重大部署，充分表达了全党全国各族人民的美好愿望，为构建社会主义和谐社会指明了方向。构建社会主义和谐社会与教育有着密切的联系，教育作为经济发展中具有基础性、先导性的重要部门，起着举足轻重的作用，和谐校园建设是和谐社会建设的一部分，而且校园的和谐比其他单位的和谐有着更深远的意义。和谐校园离不开安全、稳定、和谐、有序的校园环境，构建和谐校园需要和谐审计，何谓和谐审计？和谐审计是指审计过程与结果和社会发展相互依存、相互促进的一种最佳状态与关系。和谐审计对内审人员审计工作提出了新的更高要求，内部审计应以构建和谐校园为主要目标和归宿，教育审计是促进教育行政部门和单位遵守国家财经法规，规范部内管理，加强廉政建设，维护自身合法权益，防范风险，提高资金使用效益，内审人员必须充分认识自身在落实科学发展观、构建和谐校园中的职责和责任，和谐校园离不开经济的支撑，而学校领导任何经济决策的失误或利益分配的不公都必然会影响到和谐校园的建设。

教育事业的蓬勃发展，高等教育的发展规模，达到了前所未有的程度，基础设施的建设资金、科研经费、教学经费的大量投入，形成空前的繁荣，在繁荣的背后，许多不和谐的现象应引起我们足够的重视，同时也迫切需要教育审计机构和人员不断加强审计力度。例如，教育事业发展的数量和质量问题，教职工收入分配和投入问题，教育公平要求与教育经费被挪用以及教育收费不合理的问题，勤政廉政与违法乱纪、以权谋私问题等等，不和谐的问题还有很多，这就要求我们的审计人员要提高认识，不再是被动的审查、监督、事后做文章，而是要主动树立服务理念，为范防学校经济风险服务，为提高教育资金使用效率服务，为解决教育改革和发展中的突出矛盾服务，主动、经常和深入地研究教育经济活动中的不和谐现象，发现问题，找出解决问题的方案来，树立教育审计新的理念，重监督，也重服务；重结果也重过程；重事后，更重事中事前；重财务，也重业务和管理；重合规，更重3E（经济性、效益性、效果性）；重审查，也重建议；重当前，也重战略性和长远性；重静态，更重动态；重内部控制，也重风险管理；重独立行动，也重互动，以促进教育事业健康和谐的发展。

第二节　要处理好与学校领导的关系

和谐社会需要和谐校园，和谐校园需要和谐审计，要做到和谐审计，必须处理好与学校领导的关系。我们内审工作是在学校校长的直接领导下开展工作，内审工作要得以顺利开展，要有所作为，要真正做到为学校的改革与发展建言献策，为构建和谐校园保驾护航，就必须得到学校领导的支持。得到领导的信任，是我们内审工作的重点和难点所在，要做到这一点，就必须提高内审人员自身素质，要发挥我们的主观能动性，积极主动，要站在一定的高度，用外部审计人员的眼光，根据法律法规和防范控制风险的要求，针对经营和管理工作当中存在的问题及不足，为学校领导提供一些有价值的建议，最大限度地增强审计的影响力，让学校领导感觉到内审工作必不可少，而且十分重要。如果得不到学校领导的支持，要开展内审工作将是举步维艰。

第三节 要处理好与被审单位的关系

内审工作的性质决定了我们内审工作必须长期地和被审单位打交道，处理好与被审单位的关系尤其重要。由于学校的二级部门领导因工作的需要，经常轮岗，我们一部分内审人员担心将来有一天被审单位的领导会成为自己的直接领导，由于这种心理作祟，表现在工作中就是怕得罪人，该说的不敢说，该做的不敢做，使内审工作流于形式，危害极大。因此，我们一定要提高自身素质，要讲究审计技巧和审计方法，要以理服人，要树立服务意识，要让其他部门感觉到，我们是"保健医生"，不是"法官"，我们是在堵塞漏洞，是为他们着想。例如，2006年中层干部换届时，我们开展了经济责任审计，在审计过程中，我们发现了个别二级单位私立小金库，搞账外账，针对这种情况，我们做了大量的耐心说服工作，让他们明白私立小金库的危害性，让他们明白我们内审人员是在帮他们，而不是挑毛病。审计人员要不断更新审计理念，用"构建和谐校园，开展和谐审计"的思想来指导审计工作，既要按规定开展审计工作，又要与审计对象和谐相处。一是尊重对方，构建诚信互爱的人际关系，建立日常联系沟通的渠道，加强彼此的经常性沟通。二是用换位思考的方法体谅对方，给予对方更多的理解，将心换心，用宽阔的视野、胸怀容人容事，容纳不同建议。三是大事讲原则，不怕得罪人，敢于审计，善于审计；一般问题将就谦让，多宽容，不挑剔。四是要善于听取对方意见，智慧地沟通情况，理性地处理问题，不把简单问题复杂化，复杂问题简单化。五是提高审计工作水平，打造高水平的沟通平台，拿出高质量的审计成果、高水平的审计建议，在和谐共创中落实审计结论。

第四节　要处理好与上级审计部门的关系

审计工作的开展要接受上级审计部门的指导和检查，在上级审计机关的指导下制订审计工作计划，开展审计工作，建立信息沟通的渠道，让上级归口管理部门随时了解掌握审计工作开展的进度及是否达到审计工作质量要求，争取及时得到上级审计部门的正确指导。提高审计工作质量是发挥审计职能的保证，只有不断提高审计工作质量才能促进学校各项业务的健康发展。提高内审工作质量，其关键在于抓好审前准备、资源配置、现场检查、分析评价、整改落实、后续审计六个环节，促进学校进一步加强管理，防范风险，提高效益，保障学校各项业务在合法、合规的轨道上稳健发展，同时也为学校领导进行经营决策提供一定的依据。开展"和谐审计"要进一步加强和完善审计工作内部控制制度，规范审计行为，严格按审计准则的具体规定开展各项审计工作，避免审计的随意性。要加强与被审计单位的沟通和交流，加强外部环境协调，取得上级审计主管部门、主管领导对审计工作的重视，取得被审计单位的配合和其他各部门的支持，不断提高审计工作质量和工作效率，扎实稳健地开展各项审计工作，将审计成果落到实处。

第五节　要处理好与其他部门的关系

审计工作是与各个部门密切相关又常打交道的一项工作，在开展审计工作中应当要取得其他部门的积极配合、理解和支持。在开展相关审计项目时可以组织邀请相关管理部门共同参与审计项目，这样既能可节省审计资源和检查监督成本，避免多个部门重复的检查，达到提高工作效率的目的；又可以通过业务管理部门的共同参与，增进彼此之间的友谊与理解，进一步促进审计建议的整改和落实工作，对学校的各项管理工作起到积极的推动作用。

第六节　要处理好与本部门其他同事的关系

与本部门其他同事和睦相处，可以为自己营造一个良好的工作环境，要倡导诚信互爱、融洽共处的人际关系，同事之间相互信任、相互沟通，大事讲原则，小事讲风格；营造讲民主、讲团结、讲贡献、讲大局、团结友爱、积极向上的工作氛围。

而且，本部门审计项目往往不是由审计人员独立完成的，通常需要大家在工作中互相配合，发挥各自的优势，尽心、尽职、尽责完成各自的审计任务，并互相交换相关的审计信息，共同完成审计项目。只有部门工作氛围融洽了，才能为开展"和谐审计"提供必要的前提。

和谐审计，给内审人员提出了更高的要求，不仅要求我们内审人员要转变观念，具有创新思维，提高审计工作效率，而且还要加强交流，处理好领导与被领导的关系、审计与被审计的关系、审计与内外部环境的关系，聚精会神搞审计，一心一意谋和谐，我们相信，构建和谐校园的梦想一定能实现。

第九章
关于高校财务管理制度的
一些思考

第一节 概述

高校财务管理制度的改革与创新主要包括财务管理基本制度的改革与创新、资金管理制度的改革与创新、人员管理制度的改革与创新和部门自身建设制度的改革与创新。高校财务管理只有在上述几个方面转变观念，与时俱进，才能管好和用好学校的各项资金，才能保证高教事业的可持续性发展。

第二节 高校财务管理根本制度的创新

现代管理最主要的特色是制度管理。在高等学校财务管理工作中，科学合理的规章制度是管理工作的基础。而规章制度本身又具有层次性，我们可以将其区分为根本制度和非根本制度两种。高校财务管理的根本制度，是在高校财务工作中决定其作为其他制度依据的基础性制度。高校财务管理根本制度的创新，一方面能够使高校财务工作有章可循、有法可依；另一方面又能使财务制度适应飞速发展的高教事业的需求，从而做到财务管理中原则性与灵活性的统一。具体说来，表现在以下几个方面：

建立和完善统一领导、集中管理和分级管理相结合的财务管理体制。当前，伴随着高等教育体制改革的日益深化，教育投资体制多元化格局已经初步形成。高等学校在管理体制、经费来源、招生分配、科研成果转让、后勤社会化等方面均已发生很大变化，学校正从单一的事业型管理向多元化管理过渡，已真正成为面向社会的独立法人实体。各类经济活动的日趋复杂，财务管理内容所发生的相应变化，必须建立和完善统一领导、集中管理和分级管理相结合的财务管理体制。对高校的财务工作实行统一领导，有利于有效调度财力，强化学校宏观调控能力，确保学校的可持续发展。但过分集中，又不利于调动各级人员的积极性。所以，比较科学的制度应该是集中管理和分级管理相结合，做到"统而不死，放而不乱"。

合理编制预算，实行"大收大支"的综合财务计划。随着高校多渠道筹措教育经费体制的逐步形成，尤其是高等学校实行部门预算改革后，高等学校改变了原有的高校预算管理体制，建立了"大收大支"的财务管理模式，实行综合财务预算，将各种渠道取得的全部收入及安排的全部支出，统一纳入学校的综合财务计划。在这种情况下，高校在编制预算时，应从学校的全局出发，既要考虑学校事业发展和建设的需要，又要考虑学校财力的可能；既要保证重点，注重效益，又要向教学、科研倾斜，进行综合平衡，统筹安排学校的各项资金，全面反映学校的财务收支情况和总体规模，从而确保高等教育事业的可持续性发展。

明确高校财务管理基本原则。高校实行统一领导、集中管理和分级管理相结合的财务管理体制，建立"大收大支"的财务管理模式，在这种模式的操作过程中必须遵循以下原则：

一、依法管理的原则

高校必须依法规范财务行为，遵守有关法律、法规，特别是针对高等学校制定的各项规章制度。同时，高等学校也要依法维护自身的权益，保护自身的经济利益不受损失。

二、合理配置教育资源的原则

由于教育投入相对不足，合理配置财力资源就显得尤为重要。应在高校内部制定更为合理的财务管理办法，科学配置好高校的各方面资源，既要充分、合理地利用现有的高校资源，做到资源共享，又要节约支出，避免经费使用上的浪费现象，优化经费使用的支出结构。

第三节　高校财务资金管理制度创新

资金管理是财务管理的最主要方面。在高等院校，如何在这一方面进行制度创新，做好会计核算，提高资金使用效益，降低财务风险，是一个值得思考的问题。

一、树立开放意识、效益意识，多方筹措资金

高校财务管理要不断增强开放意识，面对教育体制改革要大胆创新，多方融资。这就要求高等学校在办学过程中，既要坚持勤俭办学的方针，又要转变观念，要克服"等、靠、要"的思想，从自主办学的法人地位出发，走"争、创、筹"的路子，广开财源，依法筹措教育经费，建立多渠道筹措教育经费的体制，为加快教育发展提供经费保障。

二、加强内部控制，树立风险意识

目前，大多数高校建设项目多，投资大，银行贷款数额大，因此普遍存在日常会计账中资金流量大且频繁的现象，给资金安全带来了很大的隐患，因此，必须加强内部控制，防止各类案件的发生，做到警钟长鸣，防患于未然。

三、实行成本核算，严格控制经费支出，树立效益观念

目前，高校一方面经费长期投入不足，另一方面投资效益不高，支出结构不合理，造成不必要的浪费。这就要求高校财务管理部门要加强收支管理，实行成本核算，合理使用经费，严格支出管理，把有限的资金真正用到教学、科研的"刀刃"上，发挥最大的经济效益和社会效益。高校财务管理工作应围绕提高经济效益和社会效益合理配置人力、物力、财力资源，对财务活动要进行可行性论证，充分发挥高校的人才优势和科技优势，建立起科技与效益有机结合的机制，使科技尽快转化为生产力，从而产生社会效益和经济效益。

四、加强财产物资管理，防止国有资产流失，保证国有资产完整

高校要建立健全国有资产管理制度，严格财产物资的管理。对于投入创收和经营用的固定资产，要建立折旧基金和有偿使用制度，按规定计提固定资产折旧费或收取固定资产占用费，实现固定资产价值补偿和实物更新，保证国有资产的完整、保值、增值，防止国有资产流失。对外投资，要进行可行性论证，明确责任，避免无效投资和损失。

第四节 加强财务部门人员管理制度建设创新

随着高教事业的迅猛发展，财务人员作为财务管理的主体，如何运用自己的责权，为广大师生员工服务，取决于其思想意识、业务素质等多方面的因素。当前，我们应从以下几个方面着手：

一、树立良好的服务意识

财务人员要开展微笑服务，不断探索服务创新，使财务部门成为校园精神文明的窗口，坚决杜绝"门难进，事难办"的现象发生。财务人员要增强服务意识，树立服务观念，强化服务职能，提高服务质量，在坚持原则的基础上提高效率，营造一个良好的财务环境。

二、树立良好的职业道德

一个优秀的财务管理人员，首先要有良好的职业道德、高度的敬业精神和工作责任感。其次要求财务人员要努力学习，钻研业务，更新观念，具有完善的知识结构、熟练的工作技能和严谨的工作作风。再次是对法律、法规的精通和掌握，不仅是一般性的了解，而且要从理论上加以研究。

三、实行会计人员委派制和会计岗位轮岗制

学校应统一管理全校的会计人员。根据需要设置二级财务核算的部门，其会计人员应由学校财务部门委派。为了保证有效执行服务和监督职能，同时要建立相应的委派会计人员管理制度，包括委派会计人员的考核制度、职责和权利制度，形成会计人员的自我约束机制和良性流动机制。同时，对那些重要会计岗位，要实行定期轮岗，以扩大财会人员的知识面，提高会计人员的全面工作能力和业务水平，调动他们的积极性和创造性。

第五节 加强财务管理部门自身建设制度创新

学校事业越发展，财务工作越重要。加强财务处作用的前提就是加强财务部门的自身建设，当前迫切需要做到的是：

一、适应经济全球化需要，实现与国际会计惯例接轨

当今全球经济一体化，教育领域的国际交流将不再仅限于教学科研方面的交流和合作，经济往来、国际结算等业务将逐渐增多，财务管理的环境将变得更为复杂，会计核算的内容将更加丰富，交流将更加频繁。这就要求财务部门了解与适应国际惯例，加强部门建设，以适应学校发展的需要。

二、建立校长领导下的总会计师制度

高校筹资多元化格局的形成，使高校真正成为面向市场的独立法人实体，高校的经济活动日趋复杂，要设置总会计师专职主管学校的经济工作，直接对校长负责，这样有利于加强学校的宏观调控，统一运筹资金，综合平衡、协调各方面利益，实行科学决策，提高办学能力和投资效益，从而使学校经济工作良性循环。设置总会计师，建立健全总会计师经济责任制，应成为当前高校财务管理体制的重要内容。

第二部分　风险篇

第十章
高校审计资源整合的风险与防范

第一节　概述

　　审计资源的有效整合与利用，是高校内部审计工作的难点，也是高校内部审计的内在要求。针对高校利用社会审计资源以缓解自身人力资源不足的过程中所遇到的种种问题，本章从高校实际出发，利用已有的研究成果，结合相关理论研究，尝试通过挖掘和印证审计资源整合中潜在的风险并深入剖析风险的成因，进而提出应对措施，旨在防范和化解风险，从而实现审计资源的有效整合与利用，助力高校内部审计职能的发挥并形成良好发展态势。

　　《中共中央关于全面推进依法治国若干重大问题的决议》中首次提出要实现审计监督全覆盖的要求。在审计全覆盖的背景下，2019年3月广东省政府要求全省高校内部审计工作要聚焦主业主责，明确内部审计的职能定位，清理、剥离与审计职能无关的财务审计、工程预结算审计、采购与招投标审核、合同审核、询价定价等各类日常业务审核工作，突出内部审计的监督、评价、建议主责等。因此，高校内部审计面临前所未有的压力，因审计资源严重不足，已造成了一批大型审计项目无法开展，审计质量难以保证，审计效率低下及审计效果欠佳等现象。万明浩（2020）认为，在审计全覆盖背景下，内部审计业务不断拓展，工作量逐年递升，但内部审计普遍存在人员力量薄弱、知识结构单一等问题，内审人员力量不足与审计任务繁重的矛盾日益加剧，有效借助社会审计力量是解决矛盾的有效办法[1]。

高校人力资源不足而社会上聚集了大量审计人才，高校利用社会审计资源以弥补自身人力资源不足就成了必然的选择。从实践效果看，这种做法是可行的，但潜在的风险也不容忽视。由于高校内部审计和社会审计属于两个不同的审计主体，审计目标各异，甚至审计文化也有很大的差别，在审计资源整合过程中存在一定难度，同时由于过度依赖社会中介，形成了诸如权力寻租和信息不对称等风险，并由此衍生出审计质量控制风险、信息泄漏风险、审计监管风险等一系列风险，严重损害了学校的利益。本章尝试通过加强高校领导风险意识、加强内控建设及建立良好的内控系统；通过提升高校内审人员专业素养，培养一批高水平的审计师、会计师和工程师，打造一支综合素质过硬的审计队伍，逐渐减少对社会中介的依赖，从而实现社会审计资源的有效整合与利用，对缓解当前高校内部审计人力资源严重不足的困境具有现实意义。

第二节 文献回顾

国外最早研究审计资源整合的学者是 Lulia（2006），他认为审计资源的整合有利于审计职能的发挥、提高审计质量和审计效率[2]。我国最早研究审计资源的是郭道杨教授，他首次对审计资源的概念进行了阐述：审计资源是可投入审计工作的人力、物力和财力。随后，国内学者对审计资源的整合与利用展开了研究。研究成果主要体现在以下几方面：

一、对整合审计资源的必要性和意义研究

池凌娜（2018）认为，审计资源整合是审计事业长远发展的需要，是缓解审计资源供求失衡的必然选择。可以避免审计资源的重复投入和浪费，有利于审计资源的优化配置，缓解审计资源短缺，在审计资源既定的条件下，运用有效的手段或方式，根据审计资源的需求，将有限的资源进行分配，以保证审计资源有效供给，最终实现审计目标[3]。

二、对社会审计的优势和劣势研究

高凤伟（2009）认为，社会审计资源的优势在于社会审计的资源配置以社会供求为导向，服务于广大的投资者，在审计

目的上不仅仅局限于报表审计，更要开拓审计业务的新局面。业务咨询、业务培训等业务方式的不断增加，可以更加节约审计资源、提高资源利用效益。社会审计具有鉴证和服务职能，其审计报告的使用范围具有广泛性。在提高财务信息质量、维护良好的市场经济秩序等方面发挥着重要作用。社会审计资源的劣势主要是社会审计是受托审计，由于审计后还要向被审计单位收取审计费，在很多时候委托方和被审计单位出自同一家，在经济上不能完全保证其独立性，同时由于社会审计不具有强制性，对于委托单位违反法律和法规行为，审计人员只能提出整改建议，并视被审计单位是否采纳其建议而发表不同类型的审计意见，没有处理处罚的权力，其审计范围也在不同程度上受到委托目的的限制[4]。

三、对整合审计资源中存在的问题及建议研究

曹志军（2012）认为首先是专业分工还不尽合理，其次是审计监督体系不完善，再次是各审计项目互相独立，协同作战的合力尚未完全完成[5]。刘永辉（2003）对整合审计资源提出了建议和对策，他认为整合审计资源首先要量力而行，审计人力资源与审计任务的矛盾直接影响着审计项目的数量和质量，在制定审计项目计划、接受审计委托时要考虑审计队伍人力的承受力，根据轻重缓急，合理安排审计项目计划，其次要合理配置现有审计人员，再次要适当限制审计范围，合理保持审计与各方面的期望差距[6]。

四、对整合审计资源以提高审计工作效率研究

万明浩（2020）认为，内部审计熟悉单位管理情况，但是内审人员少，对于专项审计任务只能在完成日常审计工作的基础上穿插进行，对于查阅资料，调阅会计凭证、资产盘点等耗时、耗力的审计环节往往力不从心，工作效率低下。而社会审计具备大量经验丰富的专业人员，在现场审计阶段能够投入足够的人员，能弥补内审人员不足的缺陷。但是，社会审计对单位内部管理情况不熟悉，往往找不到审计重点和发现问题的突破口，容易走弯路。内部审计与社会审计联合，可以使审计工作精准高效[1]。

五、对整合审计资源的质量控制研究

郁炯（2018）认为，良好的合作环境是质量控制的前提。采用准入机制，聘请高质量的社会审计机构合作。内部审计机构应引入市场竞争机制，按照公开、公平、公正的原则，向社会公开选择资质良好、实力较强的社会审计机构，以入围服务期限的方式形成审计合作对象库，建立稳定的中长期合作关系。招标时要明确合作机构的资质、专业技术人员要求、服务承诺保证、工作纪律要求以及奖罚措施等。在入围期限内，应定期考核，实行优胜劣汰的工作机制，通过考核和评价增强合作机构的责任感，调动社会审计参与内部审计工作的积极性和主动性[7]。

六、对审计资源整合风险研究

蒋书良（2008）认为，审计人员业务水平低下和专业胜任能力不够是产生审计风险的主要原因。审计活动是一种技术性很强的活动，它要求审计人员不仅要具有扎实的会计、审计、税务、法律知识和审计基本技能，还要具备丰富的审计实践经验、良好综合分析能力、准确的职业判断能力和较好沟通协调能力。目前，我国社会审计的执业队伍中，注册会计师占实际执业人数比例不到一半。由于审计人员的专业胜任能力与风险导向型审计的要求不相适应，直接影响了审计工作开展的深度与广度，导致审计风险的产生[8]。

第三节 高校利用社会审计资源的理论基础

一、资源供需论

孙文远等（2020）认为，资源具有稀缺性，审计资源作为生产要素的一种，会根据市场的导向流向效益最大的领域，以实现资源的有效利用。根据这一市场规律，审计机构和有关人员需要了解审计资源的供给与需求，把有限的审计资源用到最需要的审计需求上，优化资源配置，从而实现审计监督的目标，最大限度地降低资源配置不当导致供需失衡对审计发展的影响[9]。由于各种原因，高校内部审计的力量严重不足，特别是基建工程方面的人才奇缺，复合型人才更少，能带领团队实施大型审计项目的领军人才更是凤毛麟角，而社会上则聚集了大量的审计人才，这些人才正是高校内部审计所缺少的，高校通过购买服务的方式，使社会审计资源得到有效利用，从而实现审计职能的发挥，达到他山之石可以攻玉的目的。张帆（2017）认为，国家审计与社会审计、内部审计的具体目标尽管有差异，但技术手段和工作程序有众多的同质性，为整合审计资源提供了广阔的平台。社会审计组织由于长期的市场竞争，业务技能、工作效率和风险控制等方面已具有一定优势，专业技术人员所涉猎的领域也比较广，具有较丰富的审计经验。内部审计实践中，可借鉴社会审计的做法，走出行政干预的怪圈，形成自己独立的职能[10]。

二、交易成本论

根据交易成本理论，在契约等制度的约束下，使用标准化的度量衡，可以有效降低交易成本[9]。内部审计是一项综合性强、要求高且业务较为复杂的工作，要求审计人员不但要具备审计、财务、经济、法律、管理等方面的知识和技能，还必须熟练掌握计算机应用技术，当前高校要实施大型的审计项目，现有的审计力量是远远不够的，每年都要花费一大笔钱对现有的审计人员进行培训，利用社会审计资源，不但可以节省一大笔培训费用，还可在实际工作中通过协作和借鉴，学到其先进的审计技术和方法，学到审视问题的视角和一些独到的技能，能最大限度地提升内审人员的综合分析能力、职业判断能力和专业胜任能力，这种能力的提升若只是通过培训是无法实现的。另一方面，两大审计主体通过这种合作方式，外审人员的工作能力也得到了提升，降低了培训成本，提升了品牌声誉，因此这种合作关系能实现双赢。蓝文涛等（2018）认为，高职院校与社会独立执业机构在内部审计工作上具有互补性，高职院校内部审计人员熟悉内部审计流程，忠诚度和责任心较强；社会独立执业机构审计经验丰富、专业性强，两者可以加强沟通、有效融合[11]。

三、高校利用社会审计资源的法律依据

2020 年 4 月 3 日教育部修订发布的《教育系统内部审计工作规定》中规定"在不违反国家保密规定的情况下，内部审计机构可以根据工作需要向社会中介购买审计服务，内部审计机构应当对中介机构开展的受托业务进行指导、监督、检查和评价，并对采用的审计结果负责"。可见，内审业务外包在法律上是可行的。

第四节 高校利用社会审计资源面临的风险

一、因外审人员不能尽责，高校面临审计质量不高风险

由于外部审计人员独立于委托单位，不受委托单位的行政

约束，因而有可能出现违反职业道德的行为。外部审计人员在精神上、组织上、经济上均独立于委托单位，不像内审人员在本单位行政约束下事事谨慎、注意影响，因而有可能责任心、认真程度不够强，甚至有可能与建设管理方有关人员或施工单位串通舞弊，影响审计质量。陈海燕（2016）认为，审计人员职业道德低下也是造成社会审计风险产生的原因之一。社会审计属于中介行业，不仅涉及被审计单位利益，还关系到社会公共利益。所以，工作人员职业道德的好坏直接决定社会审计风险发生的概率。审计过程中，审计人员职业道德低下主要体现在以下几点：1. 审计人员职业道德不端正，没有明确自身的职责，在工作中不遵守相关规定，出现一些错误的操作和行为，使审计结果和实际情况偏离，从而造成社会审计风险。2. 部分社会审计人员为了谋取个人利益，配合被审计单位弄虚作假，谎报审计结果，隐瞒审计事实，使社会公共利益受损，从而触发社会审计风险。此外，在内部审计人员与社会中介人员协调和实施监控措施的过程中，有可能出现纠纷[14]。外审人员多数是具有执业资格、丰富实践经验的专业人士，而内部审计人员相对来说在这方面有所欠缺，因而在协调过程中，外部审计人员有可能对内审人员的合理化建议熟视无睹，甚至双方发生冲突。这些因素都会导致审计质量不佳，影响了审计结果的有效性。

二、因依赖社会中介，高校面临领导干部腐败的风险

我国党政领导干部掌握着一定的公权力，高校也不例外。

由于人力资源不足，审计资源的供需严重失衡，高校审计部门必须将一部分业务外包给社会中介，这样就给"权力寻租"创造了条件；中介机构为了承揽业务，千方百计通过"拉关系"和请客吃饭送礼等途径接近和腐蚀掌握一定权力的高校领导干部，在"围猎干部"和"权力寻租"的双重作用下，如同干柴烈火，一些意志薄弱的领导干部心甘情愿成了"猎物"，导致腐败案件频发，严重损害了领导干部在群众中的威信和形象，严重损害了学校利益。黄建军（2017）认为，当前我国社会中介机构大多缺乏自律意识，而行业协会对中介机构的监管也相当乏力，往往流于形式走过场，并未真正建立起行业自律惩戒机制。同时，我们的法制建设针对社会中介缺乏统一性的规范，法律法规碎片化程度明显，由于缺少完善的外部监管机制以及良好的行业自律性，社会中介机构几乎不存在任何力量监督制约。如2015年，财政部检查了全国1358户会计师事务所，仅对其中159名违法违规注册会计师给予了处罚，被处罚的违法数量占市场整体违法事件数量比例相对很低，制裁和威慑的效果不佳，也不可避免带来部分中介机构走向违法腐败[12]。业务外包本是为了审计资源的有效整合和利用，结果初衷未能达成，反而增加了审计风险，降低了审计质量。

三、因依赖社会中介，高校面临信息不对称风险

信息不对称指的是中介机构掌握大量的信息，而学校审计部门只掌握少量的信息。这种状况的出现，往往使学校审计部

门在审计资源整合过程中处于劣势，中介机构为了自身利益的最大化，故意造成信息延迟或隐藏一些真实的信息，甚至提供一些虚假的信息。此外，中介机构还会在有意无意间向自己的同行泄漏学校的信息，结果是学校只聘请一家中介机构，却出现多家机构掌握了学校大量信息的情况。更有甚者，中介机构为了节约成本，往往会置职业操守于不顾，聘请一些没有执业资格的社会闲散人员从事审计工作，严重影响了审计质量和降低了审计结果的有效性。学校方面因掌握的信息不多和执行力的欠缺，监管并不到位。蒋珩（2009）认为，虽然《注册会计师法》《审计法》等都对注册会计师违规的处罚做出了严厉的规定，但是行政处罚长期占据主导地位，严重削弱了处罚的力度，在客观上纵容了造假行为的泛滥。从我国证监会的处罚决定看，行政处罚所开出的罚单也主要是警告和低级别的罚款，这是很难对违规行为起到警示作用的[13]。

第五节　高校应对审计资源整合风险的防范措施

一、加强监管力度，降低审计质量不高风险

（一）主动介入，充分发挥内审的作用

审计前期，学校审计部门应由业务骨干负责编制审计实施

方案，由审计组长亲自把关，以确保方案的质量。也有些高校是直接将审计方案交由中介完成，当起"甩手掌柜"，这种做法并不可取。不应认为中介收了中介费就应做完审计的所有事情，其实学校内审人员比外包人员更了解本单位，熟知本单位的发展战略、管理手段、文化氛围、部门间的利益关系、业务流程、财务收支及资产管理等情况，审计部门应尽可能细化审计内容，将审计重点列入审计实施方案，要求外包人员严格按实施方案进行审计，过度依赖中介只会导致审计质量的下降；审计实施阶段，学校应选派协调能力强、业务精和品质好的内审人员参与到审计当中，内审人员比外包人员更了解本单位的情况，只要做好沟通和协调，往往能达到事半功倍的效果；审计完全阶段，审计组长应亲自把关，审核审计内容是否全面，审计重点是否突出，审计事实是否清楚，引用的制度条文是否恰当，审计证据是否确凿，撰写的审计报告征求意见稿是否客观、公正等。

（二）加强监管，正确处理好内审外包关系

由于外审人员独立于外包单位，原则上不受外包单位的行政约束，再加上与外包单位是短期合约关系，也不用担心与被审单位或其他有关人员的"私下交易"会对自己造成长期的影响，因而有可能为求审计效率，无原则地让步，甚至发生串通舞弊的行为，在接受个人好处后，做出损害外包单位利益的行为。为杜绝这种行为发生，一方面仍应强调要选择具有良好职

业道德、思想素质好、为人正直的审计人员，这是从根本上保证审计工作不弄虚作假的有力措施；另一方面内审部门实施监控措施也是很有必要的。例如在建设项目审计中，规定"外部审计机构与人员不得与施工单位、建设管理单位私下接触，若需见面及商议事情须内审人员在场，有关联络、通知、陪同事项都须内审人员负责"等内容，虽然不能从根本上杜绝私下交易，但也为不法行为制造了障碍。当然，还可采取其他一些牵制双方的措施。如在建设项目审计中，可与施工单位签订一份"工程建设承诺书"，规定"如审减金额超过送审金额的一定比例，超过部分由施工单位负担审计费"。如果没有这项规定，施工单位很可能高估冒算，而外部审计单位为图快或为减少矛盾，一旦取得了较满意的审减率及相应的审计费就不再继续深入，但实际上这为施工单位留下了大量的利润空间。制定了这项规定后，一方面施工单位就不会轻易过高地冒算造价，因为超过一定的审减比率自己会付出代价，另一方面外审人员为本单位的利益着想，即使在施工单位谨慎小心的情况下，也会尽力去发现造价不合理的地方。这样可以牵制外审人员与施工单位，从而维护了外包单位的经济利益。

二、加强内控建设，减少权力寻租风险

高校领导应高度重视领导干部权力运行中存在的风险。之所以在利用社会审计资源中出现权力寻租现象，是因为单位内部控制出现了漏洞。内部控制制度的建立健全和有效实施，能

有效堵塞漏洞，防范领导干部权力运行中出现的各种风险。为防范和化解风险，各高校应建立良好的内控系统，首先要完善内控制度，从思想上重视内控建设；其次是建立高效的风险预警系统，防范重大风险的发生；再次是建立合理合法的预算控制制度；最后是强化内部审计的监督责任制。

把权力关在制度的笼子里，可以减少权力寻租风险。在审计前期，要做好招标文件的设计，设计的技术投标书、评分指数及赋予的分值权数应当科学合理、考虑全面；应对社会中介执业诚信、执业资格、工作业绩、工作经验及年限、人员的专业胜任能力和专业方向等方面作出规定；对招标、开标、评标、定标等招投标流程作出规定，做到能够真正考察社会中介的综合实力。同时，招标的程序应在监察部门的监督下进行，所密封的标书不能暴露投标单位身份的迹象，否则将视为废标，只有从形式到内容都做到客观公正、科学合理，才能使技术水平、职业道德俱佳的社会中介及人员脱颖而出，从而保证高水平的审计质量。此外，也要重视合同管理，高质量的合同能较完善地规定双方权利和义务，这不仅是审计资源整合的基础，而且也可有效减少和规避审计资源整合中存在的风险；在审计实施阶段应建立保密承诺制度，以防止信息泄露风险，维护学校的合法权益，为保证审计质量，学校审计部门应在事务所制定的审计质量控制标准的基础上，结合学校实际，制定出审计质量控制制度，明确审计组长的权责，必要时成立联合监督机制对外包业务进行监督和管理；在审计完成阶段，要建立一套评价指标体系，对中标单位及个人的表现建档管理，将评价内容细化，如个人专长、专业方向、工作履历及工作表现应尽量细化，建立档案分类管理，为日后审计资源整合提供依据。对违反合同要建立惩罚机制，对在审计工作中表现出色的单位及个人要制定奖励细则等。

三、提升内审人员的综合素质，减少信息不对称风险

依赖社会中介会产生信息不对称风险，过度依赖社会中介就会加剧这种风险的发生。从长远看，要减少甚至消除这种风险，就必须提升内审人员的综合素质，逐渐减少直至消除对社会中介的依赖。内部审计是一项专业性强、要求高且业务较为复杂的工作，要求内审人员具备良好的沟通能力、语言和文字表达能力、职业判断能力和专业胜任能力。高校应从以下几个方面进行加强：

1. 李少鹏（2019）认为，应选派内审人员参与国家审计和社会审计。国家审计从严格意义上说是执法行为，十分强调审计证据的收集，十分强调审计证据确凿、证据链条完整，工作底稿强调问题定性和依据的法律法规条文[15]；社会审计则是专家云集，这些专家有很高的理论水平和实战经验，高校内审人员若参与其中并虚心向他们学习，可以学习到很多独到的技能以及审视问题的角度和解决问题的方法，能很大程度提升内审人员的专业素养、职业判断能力和专业胜任能力。

2. 鼓励员工积极申报职称，向专业技术方向发展。我国现

阶段高校内审人员有两条晋升通道：一是通过职务晋升，二是通过职称晋升。但职务岗位较少，属稀缺岗位，影响晋升的因素很多，不是仅通过个人的努力就能够顺利晋升，因此应大力鼓励内审人员往职称方向发展，积极报考会计师、审计师和工程师等专业技术认证，甚至一人可以报考多项认证，成为适应时代发展需求的复合型人才。为了适应社会发展的需求，还应具有国际视野，鼓励员工积极报考国际注册会计师，员工通过个人的努力使自身的能力得以提升，个人的价值得以实现，内审队伍的专业水准就会有长足的进步。

3. 重视实践，在实战中锤炼队伍。内部审计是一项专业性强、要求高且业务较为复杂的工作，十分强调理论和实践相结合，在实战中提升人员的综合素质，显得十分重要。在审计过程中，要明确审计目标，确定审计形式，细化审计内容，做到事实清楚、审计证据确凿，应经常召开阶段性专题会议，让内审人员汇报工作进程、所收集到的审计证据和编制的工作底稿进展如何、目前所存在的困难和今后应如何改进等。此外还应重视文字的表达能力，因为审计是一项和文字打交道的工作，无论是收集审计证据、编制工作底稿还是撰写审计报告，都离不开文字。文章强调布局要合理，层次要分明，要紧扣主题，用词要准确，行文要流畅，一篇好的文章，会令人赏心悦目，它是长时间的积累和耗费大量时间精力的结果，文字表达是审计质量中一项不可或缺的重要内容。

4. 定期召开审计业务专题会议，要求每名内审人员都要做总结，汇报自己一段时间来工作所获得的经验和存在的不足，提出今后改进工作的思路和下一个时间段的工作计划，促使内审人员经常主动思考，养成爱动脑的习惯。

5. 积极参加培训。内部审计是一项专业性十分强的工作，专业知识涉及会计、审计、经济、法律、建筑工程及计算机应用等多个学科，内审人员只有通过不断培训才能提升自身的专业素养。

6. 加强和兄弟院校的交流。通过交流，取长补短，借鉴兄弟院校好的经验和做法。

7. 建立激励机制，鼓励内审人员积极参与审计理论研究，积极申报课题和撰写论文，提升理论素养，突破自我，勇于探索新的领域[15]。

当前高校内部审计任务繁重和自身人力资源严重不足的矛盾十分突出，在审计全覆盖背景下高校仅依靠自身力量难以完成繁重的审计任务，高校利用社会审计资源以弥补自身人力资源不足的做法是必然的选择。从实践上看是可行的，在法律上和理论上也有充分的依据，面临的风险也是可控的。通过对风险成因的综合分析和评判，进而采取加强审计资源整合的监管、加强内控建设建立内控系统及重视审计队伍建设等措施，可以减少对社会中介的过度依赖，从而实现审计资源的有效整合与利用。

第十一章
风险导向审计

第一节　概述

　　风险导向审计作为一种重要的审计理念和方法，在审计行业已得到广泛的应用。由于风险导向审计是在过去的实践中发展起来的，具有先进性，因此高校推行风险导向审计，是不以人的意志为转移的，是审计技术发展的必然结果。以"风险为导向"的管理审计应贯穿于审计的全过程。本章从建设内控制度、前移审计关口、提高内审人员的综合素质、加快审计信息化建设、重视审计结果公示及重视后续跟踪审计等方面入手，阐述高校应如何开展风险导向审计。

　　风险导向审计是指审计人员在审计过程中始终以风险分析评估为导向，根据量化的风险水平确定审计项目次序、审计范围重点，对风险管理和内部控制进行评价，提出合理性意见建议的审计活动[1]。通过识别和评估影响组织目标实现的各种系

137

统性风险和非系统性风险的风险导向审计，是作为在账项基础审计和制度基础审计上发展起来的一种新型审计模式，在制定出多样化的审计计划时，以对审计风险进行系统的分析和评价作为出发点，旧式审计只关注资金，只关注账务，这种审计模式已经远远不能满足现代审计的要求，应当把审计的重点放在关注单位的体制机制和制度层面，关注可能出现的财政风险、金融风险和管理风险，本章从以下几个方面阐述高校应如何开展以风险为导向的管理审计。

第二节　现代风险管理的特征

现代风险导向具有以下特征：一是审计重心前移，从以审计测试为中心转移到以风险评估为中心。二是风险评估由直接评估变为间接评估。三是风险评估以分析性复核为中心。四是风险评估从零散性走向结构性。五是审计专业重心转移，即以会计、审计知识为中心向管理知识、行业知识为中心。六是审计测试程序具有个性化。七是自上而下与自下而上相结合。八是审计证据重点向外部证据转移。

第三节　高校开展风险导向审计的必要性

一、现代风险导向审计适应了当今教育发展的需要

由于市场经济的快速发展，学校的经费运作的形式和经

济状况越来越难以预测，面临的不确定性和多变性大为增加，但由于人们对学校正常运行的期望值不断提高，因此如何处理好教育与社会公众的关系是审计人员必须考虑的问题。风险导向审计正是适应了人民群众对审计期望值不断提高的要求而发展起来的，因此必须将审计风险降低到可接受水平，以满足人民群众的要求。商禹（2019）认为，开展风险导向审计可以让内部控制更加合理，也可以改进评估中发现的内部控制不完善的地方，从而确保内部监控的有序进行。在优化内部控制的过程中，可以通过识别风险，找到内部控制可能存在的薄弱点，然后进行优化，进一步加强内部控制。风险导向审计不同于传统的内部控制审计手段，它可以更好地通过分配审计资源来提高审计资源的利用率，以达到提高审计效率的目的。风险导向审计在对风险评估的过程中，从小到大评估风险，根据结果确定一个相应审计范围。风险较低的领域，减少审计资源分配。这样既能避免审计资源浪费，也可以更加合理地提高审计质量和效率。因此，将风险导向审计应用在内部控制审计中，可以大幅度提高审计效率[2]。

二、现代风险导向审计符合高校审计目标多样化的要求

风险导向审计的目标是将审计风险降到可接受的水平，为此风险导向审计强调审计战略，要求制定和被审计单位业务相适应的审计计划，不仅应检查与会计系统有关的因素，而且还应检查单位内外的各种环境因素，不仅应进行与会计事项有关

的个别风险分析，而且还应进行涉及各种环境因素的综合风险分析，高校正是具有审计目标多样化的要求，只是由于审计队伍的不健全，审计人员的能力限制，未能得到普遍实施。但从学校所处的生存状况、周边环境、发展目标、战略规划、管理方式、业务水平、资产管理、建筑工程、实验设施、图书资料、上级拨款、工资福利、勤工俭学、教育质量、办学条件等内外部各个方面来分析评估学校的发展风险，是完全有必要的。

三、现代风险导向审计能促进教育的发展

现代风险导向审计并不是无所不包，并不是处处平均用力，更不像许多人想象的那样大大增加审计成本。例如当审计人员了解被审计学校的情况后，实质性测试就可以减少，追加的审计成本也会相应减少，对一些风险因素比较大的环节多投入一些，而对风险比较少的环节缩减审计资源。换言之，这种审计方式就是抓大放小，凭证、账目抽查可以少做或不做，由此可以降低审计成本，提高审计效率，这样的审计可以为学校带来增值服务。

第四节 高校开展风险导向审计面临的问题

1. 风险导向审计毕竟处于发展起步期，即使在一些发达国家都未构建起完整的学科体系，何况在高校引入这种理论，距真正的实施还有一定的距离，因此对于风险导向审计不能望而生畏，要敢于实践和勤于实践。风险导向审计具有先进性，我

国很多企业已经引进应用并取得很好的效果，高校内部审计应当向企业学习，借鉴其先进的风险管理经验，达到他山之石可以攻玉的目的。王小敏（2019）认为，应加强风险导向审计，完善风险管理机制。加强对企业管理层及对员工的宣传、教育，促进其树立风险导向审计新理念，全面实施企业风险管理，建立并完善企业风险管理机制的设计、运行、评价、改进等各个环节，要树立权力越大风险控制责任越大的意识，企业重要领导应及时关注内部审计监督提示的重要风险环节，发挥审计参谋的作用，为企业经济发展保驾护航[3]。

2. 忽略传统基础审计的贡献，过高估计现代风险导向审计的作用。无论是何种导向的审计，最终都要回归到账面和调查。传统审计和现代风险导向审计都是一种审计方式，过度强调现代风险导向审计的先进性，很可能会落入"纯理论"的陷阱，关键的是使用这种审计方式，是否具备了风险导向审计的能力。

3. 在高校推行现代风险导向审计，有可能导致审计人员钻牛角尖，为了片面追求时尚而心态浮躁，或者食洋不化思维固定。因此，研究现代风险导向审计，要紧紧跟踪教育的特点和审计的环境，为审计人员提供明晰的专业导向。

4. 强调风险导审计，有可能诱发新一轮的道德风险。由于教育是国家大力支持的公益性事业，通常学校不会倒闭，因此审计人员只要经过测试认为其风险可以接受，即使被审计学校的会计报表存在一些不符合会计准则的现象，且这一现象已为审计人员所知晓，审计人员也可签发审计报告。

第五节 应对风险的防范措施

一、进一步强化风险导向审计的理念

现代风险导向审计的理念不是孤立的，在学校审计实务中，审计人员要树立风险导向审计意识，将风险导向审计与制度基础审计、账项基础审计结合起来运用。即在风险导向审计观念下，客观评价被审计学校的外部环境、内部控制制度，发现会计报表存在重大错报风险，对评价出的高风险领域，实施详细的账项审计，可有效地控制风险，节约审计成本。

二、完善内部控制制度建设，将审计关口前移

被审计单位的管理制度是否健全，内控是否有效等是高校能否正常实施风险导向审计并收到预期效果的关键。我国的内部审计模式经历了三个发展阶段，一是就账论账，就资金论资金，这种审计模式的工作效率十分低下，已经是完全不能适应时代发展的需求；二是制度基础审计，其重点在于关注单位的内部控制，关注单位的制度建设，这种模式比第一阶段前进了一大步，但实践表现，这种审计模式还是不能满足现代审计的需求，因为这种审计模式无法控制审计的固有风险，更无法把各种风险进行量化；三是实施以风险为导向的管理审计，这种审计模式能够对各种系统性风险和非系统性风险进行识别和评

估，从而实现降低审计成本，大幅提高审计工作效率，把各种风险降到可控的范围之内。如从过去的事后审计向事前、事中和事后审计转变，干部经济责任审计从离任后审计向任期中审计转变；重大基建工程从事后竣工结算审计向全过程跟踪审计转变等，这些都是高校开展风险导向审计的具体表现形式。

三、增强风险意识，加强内审人员的综合素质

内部审计是一项对内审人员的综合素质要求比较高，业务相对复杂的工作。审计业务涉及的面比较广，要求具备财务方面、基建工程方面、计算机应用方面和审计方面的知识和技能，由于客观因素的制约，能够把以上几种知识和技能集于一身者十分稀缺，如何培养这种复合型人才是高校目前乃至今后都必须努力的方向。由于目前高校的招生规模的不断扩大，高校的投资规模成几倍甚至十几倍的增长，审计的风险比以前大幅增加，各种纷繁复杂的新情况新局面层出不穷，客观上要求内部审计必须把审计重点放在对可能出现的各种风险的把控上，高校开展风险导向审计客观上要求内审人员必须定期参加建筑工程审计、财务审计、计算机技术、现代风险导向审计知识体系的培训，客观上要求内部审计人员必须提高自身的综合素质，努力提高分析问题和解决问题的能力，提高职业判断能力，风险识别能力和职业胜任能力，对自身的不足和短板要想方设法去加强，对欠缺的知识和技能进行精准培训，只有这样，才能有效地控制可能出现的各种风险。

四、重视审计信息化建设

目前大部分高校内审仍旧采用传统的审计方法和手段，审计信息化程度低，难以实现审计信息共享，处理数据方法单一，风险分析和计算机应用甚少，已经不能满足审计监督和服务的需要，大数据、云计算、联网审计只停留在概念层面，未能真正应用到审计实务中，审计软件的开发和运用，是提高审计工作效率的重要手段，如财务审计软件和工程软件等。现在是信息化时代，大数据技术得到了广泛的应用。计算机审计，能在很短的时间内从海量的数据中找出有用的信息，自动对信息进行筛选分析处理，是有效提高审计工作效率和降低审计成本的重要审计手段，是大幅降低各种审计风险的重要法宝，是高校审计今后必须努力的方向。

五、实行审计"回头看"，重视公示审计结果，重视后续跟踪审计

被审计单位在接到审计报告后，应该对报告中所提出的问题高度重视，检查是否存在必须纠正和整改的地方，如果是较严重的问题，必须引起足够的重视，采取切实可行的风险防范措施和风险控制措施，只有加大监督和控制力度，才能保证报告中所提到的建设性的建议得到重视和落实，才能保证风险导向和成本效益原则得以实现，才能保证后续审计的深度和广度，才能保证被审单位纠正、整改的问题得到落实，才能真正提高审计工作效率，最大限度地减少审计风险，树立高校内部审计

的严肃性和权威性。

内部审计的审计结果进行公示，有利于被审计单位对查出来的问题进行及时整改，利用学校教职工监督的力量，共同营造一个齐心协力共同抓好整改的氛围，有利于督促内部审计人员重视审计质量，在审计结果公示前，对审计出来的问题进行反复检查和较对，必要时，全体审计人员要对查出来的问题进行"会诊"，对每个字、每个标点符号都要反复推敲，确保每个问题的阐述都要有依有据，引用的法律法规要准确、恰当。只有这样，才能把审计风险降到最低，从而真正实施高校"以风险为导向"的管理审计。

总之，高校要实现"以风险为导向"的管理审计，一方面学校领导要高度重视，将风险意识贯穿于审计全过程；另一方面要全面提升审计人员的综合素质。主动地预防和控制高风险的出现，并建立各种风险控制模型，充分利用现代科学技术手段帮助和督促职能部门（单位）及时发现、堵塞各个方面存在的管理缺陷和漏洞，不断提高管理水平、办学效益和投资效益。总之，"以风险为导向"的管理审计绝不是轻易可以实现的，而是一项系统工程，是高校目前乃至今后很长一段时间都必须思考的一项重大课题。

第十二章
高校财务核算的风险与防范

第一节 概述

  随着高校治理的不断深化，高校改革进入了"深水区"，经济运行中的不稳定因素日益增多，高校财务核算内部控制的建立健全显得尤为重要。本章尝试通过深入剖析高校财务核算内部控制存在问题及成因，进而提出防范措施，旨在完善高校财务内部管理，助力高校各项事业的稳步发展并形成良好的发展态势。

  在我国经济快速发展的背景下，社会各界对高校的支持力度也不断增加，除了政府的财政拨款，社会各界也对高校运行形成了多元化投资，推动了高校的投资主体逐渐从单一形式向多元化形式转变。而作为投资对象，高校想要保持长期而稳定的投资热情，必须真实客观地反映自身的发展状况，其中会计信息则是说明资源配置的基本依据，但是会计核算风险的存在使得会计核算失真成为困扰高校财务体系建设的关键问题。因此，高校只有不断完善会计管理制度，确保会计核算中相关报表以及凭证的完整和准确，才能够提高信息质量，为高校的运行提供依据，降低风险出现的可能性，为学校的可持续性发展提供重要支撑。

随着国家"放、管、服"改革的不断深化，高校办学自主权逐年增大，高校财务核算面临的压力也逐年增大，出现的问题也逐年增多，高校财务核算内部控制存在的薄弱环节也日渐突显，主要表现在对财务核算内部控制的建立健全不够重视、内部控制制度不够完善、监督机制发挥作用的效果不明显及财务人员综合素质不高等方面。

第二节　会计核算的内容及其与内部控制的关系

新政府会计制度于 2019 年正式施行，它重构了财务会计的预算会计适度分离相互衔接的核算模式。通过双目标、双功能、双基础、双报告及平衡记账的核算，它可全面真实反映高校资产负债、运行成本、绩效评价、预算执行情况等会计信息，通过"双重功能"的核算体系，它可促进财务会计和预算管理的水平，实现高校全面绩效管理和强化现代财务制度。

内部控制制度是高校内部建立的促使各项业务活动相互联系、相互制约的措施和方法的规程。会计核算工作和内部控制二者不是孤立存在的，而是互为支撑的关系。会计核算工作是内部控制的重要的内容之一，规范会计核算工作，可以有效促进内部控制各项管理措施及时得到落实。有效的内部控制措施更加有利于会计基础核算工作和会计管理报务工作的顺利开展。

第三节 内控制度下高校会计核算工作的原状

会计核算缺乏实效性。对高校会计核算进行深入研究中发现，当会计核算规范性较弱时，会计核算基础工作就很难顺利开展。主要表现在以下六个方面：

1. 会计原始凭证要素不完整，经常会遗漏会计信息，有的高校存在接受不正规发票据，甚至白条入账的现象，导致后期难以找到会计核算相关资金支出佐证，给国家造成大量的税收损失；

2. 记账凭证摘要书写不规范，对业务的描述不准确，对附加项不够重视，经常发生会计凭证上没有审核人员和出纳人员印章的问题，财务处理上多借多贷屡见不鲜，随意调账现象严重；

3. 会计账簿资料管理不规范，票据传递或保管过程中偶有失误，导致会计核算信息不够真实，前后不一致；

4. 劳务费发放不规范，无法预测费用发放的标准及其合理性；

5. 专项资金使用不规范，预算管理刚性不强，自行调剂使用经费，扩大开支范围和标准现象屡见不鲜；

6. 报账审批手续不完善，偶有审批人不确定现象，不能严格遵守审批制度。

第四节　高校财务核算存在的风险

一、对财务核算内部控制建立健全不够重视

内部控制的建立健全和有效实施，是高校治理的重要内容，高校财务核算内部控制是高校内部控制的重要组成部分，是风险控制的关键环节。高校财务核算内部控制涉及财务核算的方方面面，如预算控制、财务收支、合同管理及资产管理等。学校教职工普遍对单位的内部控制认识不足，认为财务核算内部控制是财务部门的事情，与他们没有太大的关系，并没有认识到单位内部控制是一项需要全员参与的系统工程。奕岚[1]认为，必须首先认识到高校财务内部控制的重要性，财务内部控制有助于促进相关法律制度及相关政策的制定；其次有助于规范高校会计工作，保障相关数据信息的真实性和完整性，进一步提高财务工作效率和质量；最后，对高校资产管理工作的各项环节进行有效监管，有助于防范应对各种风险，避免高校资产不必要的流失现象。在高校的内部控制中，管理者缺乏对财务会计核心地位的认识，缺乏建立规范核算主动性，在固化思维中

不断重复传统的核算模式，使得会计工作缺乏调整与创新的动力，风险控制能力不断削弱。此外，在高校的内部控制中，各环节缺乏良好的信息沟通，协调合作的能力不足，使得会计核算工作缺乏及时、完整的信息支持，影响了核算结果，造成了核算风险。

二、内部控制制度不完善

由于对单位内部控制不够重视，高校财务部门普遍存在重核算轻监管现象。对财务管理制度的制定不是十分用心，往往是照搬上级的财务管理制度，不能从自身实际出发，制订适合本学校发展的财务管理制度，制定的制度也是多年未更新。如一些高校多年前已经升格为综合性大学，但自身的财务核算制度仍沿用某某学院称谓。葛倩[2]认为，一方面高校不注重健全财务内控制度体系，关键岗位的授权和分工不够明确，核算方法相对传统，没有引入全面成本核算思想和方法，造成高校资金利用率不高。另一方面，部分高校没有从战略高度重视风险管理，内部各部门虽然具备相应的制度，但是缺乏风险管理方面的制度体系，也缺乏完善的风险管控和评估机制，未引入问责机制，奖励标准和方法选择不当，导致无法做到奖罚分明，制度权威性削弱，容易出现制度执行风险。高校会计核算工作不可避免地受到了内外因素的影响，并出现复杂而多样的风险类型，而针对不同的风险类型建立相应的防范措施也是必然要求。所谓"防患于未然"，高校应根据风险的客观性，对防范机制进行系统构建，但是从当前的风险管理来看，会计核算风险防范机制明显不足，重点放在会计核算的事后监督，缺乏对风险的预判，难以有效控制风险造成的损失。

三、监督机制发挥作用的效果不明显

高校监督机制对财务核算的监督效果并不明显。高校普通对内部审计的职能存在认识偏差，认为审计不会影响学校的决策及执行的效果，甚至有些职能部门对审计存在抵触心理，认为审计是有意挑毛病，影响了工作的效率，对配合审计工作并不积极主动，这些因素也直接影响了审计工作的正常开展，同时由于财务部门不积极配合，审计、纪检监察和工会等多部门监督不能形成合力，联合监督机制发挥作用的效果不明显。孙莉[3]认为，高校应该不断完善财务服务与监督职能，提高财务服务质量。在高校里面，会计核算中心是学校开展各项财务政策的执行机构，体现出国家法律法规的刚性。因此，在这个过程中，财务核算的监督职能必须要有，而且要执行到位。当前学校师生对于财务核算工作的要求越来越高，会计核算中心应该能够提供优质的服务与有效的监督，二者的有机结合才能有效提高高校财务核算管理工作。具体到实践中去的话，高校应该严格执行按预算控制各部门的支出，尽可能提高预算资金使用效益性、及时性，将核算事后控制转变事前控制，规范财务核算行为，做到以制度管人，按制度办事，从而更为有效地保证高校经费核算质量，提升高校财务管理水平，提高高校的综合实力。

四、审计与财务人员综合素质不高

　　高校内部审计人员是高校财务核算内部控制建立健全的重要力量，但当前高校内部审计人员多数是从财务岗位转岗而来的，而高校普遍存在财务人员综合素质不高、战斗力不强现象。财务人员往往是只具备财务知识和技能，只懂得算账和报账，对经济、金融、管理和法律等方面的知识知之甚少，这些领域的工作经验几乎空白；队伍职称结构、年龄结构也不合理，整体战斗力不强，难以对财务核算中存在的风险和薄弱环节作出客观的评价，由于财务及审计人员的综合素质不高，造成财务核算内部控制质量欠佳，存在的风险不容忽视。赵瑞[4]认为，作为高校的财务管理人员，要掌握更多的专业知识，提升管理意识及自身综合素质，应该深刻地认识到财务工作的重要性和地位。作为高校，应该时刻提醒和监督财务管理人员，不断强化管理工作的理念，并且营造一个高效的、和谐的工作氛围，让管理人员更有效地开展工作。

　　随着会计事业的不断发展，会计人员的知识结构与能力水平也需要不断更新。但是目前高校的会计人员更多的是来源于传统的会计环境，对于风险管理缺乏深刻认识，尤其在信息化环境下，对会计核算风险的预判与防范能力明显不足，从而使得学校的财务管理工作迟迟得不到改善，影响了风险防范能力的构建。

五、信息系统运行缺乏效率

　　在信息化管理背景下，高校在会计核算中也逐渐渗透信息化内容，但是由于对会计工作转型的系统规划、信息系统的构建不仅没有实现对核算风险的有效防范，甚至衍生出新的风险形式，如会计人员在操作中因业务不熟练造成的信息失真；信息系统自身防御能力不足，出现信息安全问题等等，已影响了会计信息质量，增加了会计核算风险。

六、财务核算实务中存在的问题

1. 违反国家收支两条线的管理规定，存在收入不入账现象。按照国家的有关财经法规的相关规定，高校的学费、住宿费等属于行政事业性收费，收费应该全额上缴财政，大部分高校执行了规定，但有些学校还存在坐收坐支的现象，直接将这些收入直接记入学校收入，不执行收支两条线，有的学校甚至把这些收入留存二级学院，或者把这些收入放在代管账户里。

2. 少计收入（收入不结账），虚列其他支出问题时有发生。有些学校收入不入账，虚列支出，造成会计信息失真，主要的方式有：一是当年应结转的收入挂代管款项，或者记入暂存款上，不结转或少结转；二是以各种名义虚列支出，把资金转到代管款项，前年对一所省属高校审计时发现，把课时费用、业绩津贴等收入虚列支出以后直接记入代管款项；三是事业支出挤占专项资金。

3. 固定资产管理方面也存在一些问题。一是账外资产多，资金量大，主要表现在大量的资产存在于财务账之外，特别是学校合并时，资产不能及时移交过来，有的固定资产账只反映少部分的价值；二是固定资产实物管理薄弱，有的学校没有固定资产明细账，没有建立固定资产卡片，财务账上只有账面余额，没有固定资产的名称、数量；三是存在账实不符的问题。

4. 私设小金库的现象仍然存在。这是个老问题，从现在的检查情况看，仍然存在，但表现出一些新形式，主要存在于二级学院、行政部门和一些院、部，小金库资金的来源主要是一些收费，用途上主要发放职工奖金、劳务费。

5. 对外投资管理不规范。一是对外投资核算不规范，有的学校把对外投资在往来款里核算；有的对外投资不在学校财务账上反映；还有的对外投资和被投资单位的账面数不一致。二是对无形资产对外投资没有进行评估，高等院校很突出的特点就是发明、专利比较多，在对外投资的时候，没有按照国家的有关规定进行评估，使学校的应有权益得不到保障；三是重投资轻管理，由于高校特定的运作模式，大部分的高等院校在对外投资的时候比较注重投资规模，而疏于管理，不能进行有效的监控；四是可行性研究方面存在问题，在对外投资的时候盲目追求数量规模，对投资的可行性研究、论证、定位不够准确科学，导致的结果是投资举办的企业不景气，有的还会产生损失浪费。

6. 债权债务不能及时清理，存在潜在的损失隐患。从审计情况看，高校存在大量的债权债务，而且长期没有进行清理，使得能收回的债权没能收回，有些应该及时核销的债务没有及时核销，给高校发展造成潜在隐患。有些高校3年以上的应收款项数额较大，建设性的费用挂账多，并且还存在一些不应挂账的费用在往来账上反映。

7. 违规担保的问题时有发生。按国家规定，高校不具有担保资格，但从现在的情况看，银行认为高校是优质客户，高校本身也有资金需求，高校和银行双方受利益驱动，银行愿意为高校提供贷款，而且提供的贷款数额都比较大，很多有名的高校出现重大的资金损失浪费，且都是由于担保问题引起的。如有的高校自己举办的二级集团向银行借款，学校出面担保，从而造成了巨额的资金损失。

8. 科研项目结题不结账。从目前情况看，部属和省属的高校都有大量的科研项目，不仅有纵向的也有横向的，这些科研项目占用大量的专项资金。按照国家规定，这些项目应该按时结题，及时结账，有些项目的结余资金还应该返还国家。在审计的过程中发现，有一所高校2018年末有300多个项目结题不结账，金额达3000多万元，其中120个结题不结账项目的时间长达8年。

9. 违规收费现象时有发生。一个是超范围、超标准的收费，就是超出国家的规定收取费用；第二就是自定项目收费；第三是有些项目没有履行相关的批准手续，没有经过批准就开始收费；第四是对一些国家明令禁止的项目，如建校费、点招费、新生服务费等进行收费。第五是违规代办收费，主要是代保险公司收取平安险、住院医疗保险等。

10. 高校财务管理权限依然不够集中。一些部属省属高校在学校合并后，学校内部的管理方式没有跟上，财务管理权限不集中，一些二级学院的管理权限过大，相当一部分资金在下属单位，学校财务处不能够对这些资金的支出使用实施有效监控；一些银行账户的开户较多，在一定程度上造成学校不能统一调配、合理安排这些资源资金，造成资金的损失和浪费。

这些问题，都是高校存在的共性问题，从这些问题的本质分析，高校财务管理还存在缺陷，这些缺陷归纳起来主要有六个方面：一是财务管理体制本身不够完善，管理权限的划分和责任体制不清；二是预算管理方面，存在重预算编制，轻预算管理，预算和决算脱节现象；三是资产的管理不严格；四是内部控制不成体系，有的高校还没有建立起内部牵制机制、民主决策机制；五是会计核算不科学；六是对外投资不科学，缺乏完善的效益论证和风险防范机制。

第五节　应对风险的防范措施

一、高度重视财务核算内控制度建设

高校内部控制的建立健全是单位"一把手"工程，领导重视是做好财务核算内部控制的关键。财务核算内部控制涉及财务管理的方方面面，因此更是一项需要全员参与的系统工程。自上而下统一认识，步调一致，对高校治理中存在的风险点和薄弱环节应高度重视，全面梳理业务流程和管理制度，将风险防范意识贯穿工作全过程。李荣[5]认为，高校要加强工作人员对财务管理内部控制的重视程度，首先就要促使工作人员转变自身理念。通过加强对高校领导以及财务管理工作人员的知识培训，能够使其重视财务管理工作的重要性，并积极促使工作人员将该理念融入全体教职工的心中，再由全体教职工之间互相监督，以便能够形成良好的学校内部控制财务管理氛围。

二、建立健全财务核算内部控制制度

张瑾[6]认为，要建立健全内控制度，建立和完善财务治理制度。第一，系统规划，构建"以预算为主线，以资金为核心"的财务内控制度体系和嵌入业务流程的风险防控机制。始终坚持以财务安全为底线，以内控制度为抓手，从制度层面、运行层面、技术层面和队伍层面等进行全方位治理，积极防范财务风险，确保财务管理有章可循、有据可依。第二，高校要执行以风险为核心流程为内容的财务内控制度建设工作。科学部署，稳步推进财务内控制度建设进程。通过系统规划，分层次、分步骤地实现"管理制度化、制度流程化、流程表单化、表单信息化"。内部控制的深化和制度建立，是一种相对和谐和宽松的财务环境，可以从根本上规避会计核算上的风险。为了做好高校内控制度建设工作，必须准确解读有关规定，在相关法律法规的约束下开展工作，具体包括出台政策、有效宣传和建立奖惩机制等。

三、建立科学完善的风险评估机制

高校财务部门要制定风险排查机制，这就要求相关人员定期对会计核算工作中的新规定、新任务、新系统隐患评估，一旦发现风险隐患直接启动风险防控预案进行排查。高校财务部门也要构建信息化的会计核算风险管理系统，在系统内构建内控制度评价指标体系，会计人员发现并上报的财务核算风险，都要在这个系统内有所体现，明确标示风险的等级、范围、成因和处理方案，并由专人负责跟进和妥善处理出现的风险隐患问题。

四、全面提升财务与审计人员综合素质

高校财务核算风险防范与监督的根本保证是拥有一支业务水平高、责任心强和具有风险意识的会计核算队伍。财务人员负责高校日常财务核算，是构筑财务核算内部控制体系的第一道防线；审计人员负责对学校的财务预算、财务收支、合同管理及资产管理等进行监督与评价，提升学校的财务与审计人员综合素质，对财务核算内部控制建立健全意义重大。笔者认为可以从以下几方面予以加强：

1. 高校财务部门要对参与日常会计核算的岗位会计人员进行量化考核，采用多种考核方法来评判核算人员的能力和素养，没有达标的工作人员应考虑再培训或调岗，高校财务部门要定期举办中、短期的系统化培训活动及建立考核机制。有计划分

批次选派财务与审计人员参加会计、审计协会举办的各类培训班，统筹安排，坚持缺什么补什么，做到持之以恒和有的放矢；建立激励机制和奖惩制度，对一些不称职的员工要离岗培训或调整岗位，确保财务审计务人员要胜任本职工作；

2. 鼓励财务与审计人员积极申报职称，向专业技术方向发展。鼓励内审人员往专业方向发展，积极报考审计师等专业技术认证，提升自身的专业素养和文化素养，努力成为高素质的复合型人才。为了适应经济全球化，内审人员还应积极报考国际注册会计师（ACCA）等国际认证，培养一批具有国际视野，品质好、业务精、能力强的内审人才。

3. 定期召开财务与审计业务专题会议，要求每名财务与审计人员都要做总结，汇报自己一段时间来工作所获得的经验和存在的不足，提出今后改进工作的思路和下一个时间段的工作计划，促使财务与审计人员主动思考，养成爱动脑的习惯。

4. 加强和兄弟院校的交流。通过对财务与审计业务的经验交流，取长补短，借鉴兄弟院校好的经验和做法；建立激励机制，鼓励财务与审计人员积极参与财务与审计理论研究，积极申报课题和撰写论文，提升理论素养，突破自我，勇于探索新的领域[7]。

5. 开展业务学习，培养学习型组织。"学习型组织"这一管理理念自20世纪90年代初产生以来，受到了世界各国有识人士特别是各跨国公司企业家们的广泛关注。许多跨国公司和部分国家的政府纷纷掀起"学习型组织"的创建热潮。据统计，跨国公司前 100 强中，目前已有 40% 在创建"学习型企业"学习型组织，把善于学习看作是提升企事业核心能力的根本手段，而高校审计对象的日益复杂化，审计内容的扩展，审计质量的提高，审计人员的自我发展，这些都需要审计人员加强学习，因此高校内审部门也需要培养"学习型组织"，这样高校内部审计才能跟上时代的发展。审计处可以就日常审计工作中所碰到的典型问题开展研讨，每位同志各抒己见，仁者见仁，智者见智，互相学习，互相交流，互相促进，这样既保证了审计质量，也达到了共同提高的目的。学习型组织的学习内容不仅仅包括审计业务知识，还包括学习管理知识、社会知识，其学习的目的是审计人员整体素质的提高，是为了适应未来的需要，从而在审计部门培养出一种朝气蓬勃的学习人才。

五、强化监督机制，充分发挥内部审计的作用

当前，高校普遍都设立了审计机构，随着国家对高校内部审计的日益重视，审计的独立性比前几年有了很大的提升，也普遍配备了专职的审计人员，整体战斗力有了很大的提升，高校也逐渐从过去的"查错纠弊"的会计审计向"以风险为导向"的管理审计转变，高校内部审计应对单位内部控制的建立健全发挥自身的作用。2019 年 3 月广东省政府要求全省高校内部审计工作要突出内部审计的监督、评价和建议主责，明确职能定位，剥离与审计职能无关的日常审计业务。此外，还应建

立多部门联合监督机制，充分发挥纪检监察、工会的作用，在实际工作中形成合力，全方位、多角度对财务核算内部控制的建立健全实施监督。

六、发挥行政事业单位财务核算信息集中监管对促进财政和财务管理的支撑作用

高校要和现代国际高水平大学接轨，离不开经济的支撑，最直接有效的方法就是获得银行贷款支持，要获得稳定的银行贷款，就必须真实、客观反映自身的财务状况，因此，对财务核算的监管显得十分重要。财务核算的监管可以有效堵塞漏洞，保证会计报表和凭证等会计资料的真实性和完整性，降低核算风险，提高高校的信用等级，从而得到银行的贷款支持，使高校能形成多元化的投资格局，实现高校的投资主体由单一形式向多元化投资形式转变，从而发挥高校财务核算信息集中监管对促进财政和财务管理的支撑作用。

内控制度的制订和实施是单位"一把手"工程，更是一项要求全员参与的系统工程。如何通过提高财务核算内部控制重要性的认识、建立健全财务核算内控制度、提升财务人员的综合素质及加强监管发挥内审的作用，从而堵塞财务核算中存在的漏洞，实现风险节点的有效管控和完善内部控制，是当前乃至今后一段时间都必须思考的重大课题。

第六节　成果的应用价值

研究成果能助力高校逐步完善财务核算内部控制，堵塞漏洞，防范和化解财务核算中存在的风险，实现对财务核算的有效监管，从而确保高校经济行为的规范性、会计资料的真实完整性和资产的安全性。成果具有可操作性和普遍适用性，可以为更多高校和其他单位思考和推进内部控制视角下的会计核算监控工作提供参考资料。

第七节　研究存在的不足之处与今后的努力方向

内控视角下的高校财务核算风险的研究还停留在初步，由于研究的时间和条件等多种因素的制约，很多问题还未能深入研究，对于高校会计核算风险诱因，由于调查样本受限未开展实地调查。对于会计核算风险发生的概率、会计核算风险容忍度、会计核算风险的损失程度，也未建立评估模型进行测试，这是本研究的不足，也是本研究继续关注的方向。今后将深入研究国内外高校财务核算内部控制成功个案，对国内外高校会计核算内部控制进行对比分析，借鉴国外高校在完善内部控制环境、规范会计核算、建立监督机制和防范各类风险，从而确保会计信息真实性和完整性，并结合我国高校实际，在高校会计核算制度、风险防范机制、监管体系、信息系统运行和财务核算人员素质等方面再进行深入剖析，全面排查高校会计核算方面可能存在的风险节点，有针对性和更加深入地提出防范措施，完善财务核算内部控制，实现对财务核算的有效监管，从而确保高校经济行为的规范性、会计资料的真实完整性和资产的安全性。

结　束　语

　　我国高校自扩招后，进入高校的资金量呈几何级倍数增长，一个项目的建设资金往往达数千万元甚至数亿元，高校治理中不确定的因素明显增多，高校早已不是一块净土，腐败案件频发，高校治理中普遍面临较大的财政风险、金融风险和财务风险，有内部风险，也有外部风险，有一般风险也有重大风险，各种风险和矛盾的叠加，前进的道路并不平坦。为了有效实现对风险的有效管控，本书将内部控制和风险管理作为研究重点，研究内容是高校的财务管理、资产管理、制度建设、人才队伍建设、廉政建设等，期望通过对高校管理制度和工作流程的梳理，找出内部管理中的薄弱环节，从而采取防范措施，实现高校从事后的、单一的审计向全过程的、全覆盖审计转变，从财务账项审计向管理审计和风险导向审计转变。高校内部管理是一项需要全体教职员工参与的系统工程，需要全体教职员工的共同努力。本书将风险管理的理念贯穿始终，始终认为人的因素是风险控制中最关键的因素，这就把审计干部队伍建设摆在了非常重要的位置。实践证明，在高校内部审计人员的共同努力下，高校内部审计在高校治理中发挥着越来越重要的作用。它是高校各项事业发展的"免疫系统"，是高校内部监督中一支不可或缺的重要力量，相信通过加强干部队伍的廉政建设、制度建设、人才队伍建设、文化建设和规范化建设，可以使高校的内部审计职能得以充分发挥，从而堵塞漏洞，实现对风险的有效控制。

参考文献

第一章

[1] 教育部财政司. 教育内部审计规范 [M] 北京：人民教育出版社，2010.

[2] 吴小玲. 地方一般本科院校内部控制建设的思考 [J]. 会计之友，2019（4）：126 - 128.

[3] 麻东锋. 高校内部控制审计研究 [J]. 商业会计，2015（8）：62 - 63.

[4] 朱军武. 高校内部控制与内部审计的研究与探讨 [J]. 中国市场，2015（5）：143 - 144.

[5] 冯秀果. 内部控制本质：理论框架和例证分析 [J]. 会计之友，2018（9）：116 - 122.

[6] 辞海编辑委员会. 辞海（缩印本）[M] 上海：上海辞书出版社，1989.

[7] [美] 彼得，纽曼，等. 新帕尔格雷夫货币金融大辞典 [M]. 胡坚，等译. 北京：经济科学出版社，2000.

[8] 梅成. 我国高校会计风险防范研究. 西南大学硕士学位论文 [D]. 2010（4）：1 - 80.

[9] 潘莹. 探析现代高校内部控制与内部审计 [J]. 会计之友，2012（7）：122 - 123.

[10] 广东医科大学. 广东医科大学审计工作规范 [M] 广东：汕头大学出版社，2018.

[11] 孙昕. 浅析地方高校内部控制问题 [J]. 财会学习，2020（3）：249 - 250.

[12] 张佳春，蒋欣怡，许可，等. 内部审计在高校治理中发挥作用的途径研究 [J]. 会计之友，2017（13）：116 - 120.

[13] 段凤霞. 新时代风险导向下高校内部审计工作的思考 [J]. 会计之友，2019（3）：136 - 138.

第二章

［1］李华. 高校内部经济责任审计的探究［J］. 现代经济信息, 2015
（2）: 274 – 275.

［2］符群力. 关于落实内部审计整改意见的思考［J］. 新西部, 2015
（36）: 65.

［3］万元兵. 新时期经济责任审计全覆盖探索［J］. 交通财会, 2016
（2）: 37 – 39.

［4］李素萍. 让经济责任审计有力度更有温度［J］. 中国审计, 2018
（11）: 37 – 38.

［5］杨雄源. 高校处级领导干部经济责任审计存在的问题及对策
［J］. 当代经济, 2015（3）: 54 – 55.

第五章

［1］张巧秀. 高校实现审计全覆盖的思考［J］. 财会学习, 2016
（3）: 107.

［2］郑克强. 高校内部审计全覆盖及路径探究［J］. 企业导报, 2016
（14）: 15 – 16.

第十章

［1］万明浩. 内部审计与社会审计联合审计模式的探索与实践. 商讯
［J］, 2020（14）: 171 – 173.

［2］Lulia chivu. social audit: assessment instrument in human resources
management puality［J］. scientific annals of the alexandru ioan cuza
university ofiasi: economic sciences series, 2006（3）: 141 – 147.

［3］池凌娜. 对审计资源整合的探讨［J］. 内蒙科技与经济, 2018
（1）: 19 – 20.

［4］高凤伟. 关于审计资源整合的探讨［J］. 中国商界, 2009
（5）: 129.

［5］曹志军. 关于整合审计资源的几点思考［J］. 中国乡镇企业会
计, 2012（11）: 141 – 142.

［6］刘永辉. 整合审计资源 扩大审计成果［J］. 上海综合经, 2003
（6）: 62 – 64.

［7］郁炯, 谢静芳, 刘妍, 刘萍, 等. 高校内部审计与社会审计: 合作
模式下的质量控制［J］. 中国内部审计, 2018（10）: 40 – 45.

［8］蒋书良. 论社会审计的风险与防范［J］. 湖南商学院学报, 2008
（4）: 102 – 104.

［9］孙文远，孙媛媛，孔楠，等．国家利用社会审计资源的路径、风险及防范［J］．会计之友，2020（2）：118－122.

［10］张帆．现行体制下审计资源整合策略研究［J］．产业与科技论坛，2017（16）：228－229.

［11］蓝文涛．高职院校内部审计购买社会服务研究［J］．济南职业学院学报，2018（1）：1－3.

［12］黄建军．中介机构的腐败问题及其治理［J］．中国党政干部论坛，2017（2）：40－43.

［13］蒋珩．我国社会审计独立性问题探讨．科技广场［J］，2009（12）：199－201.

［14］陈海燕．社会审计存在的风险与防范［J］．现代国企研究，2016（8）：173－175.

［15］李少鹏，李建德，等．浅谈高校应如何打造一支综合素质过硬的审计铁军［J］．会计师，2019（2）：52－53.

第十一章

［1］王晓．浅析风险导向审计在科研经费监管中的应用［J］．商业会计，2017（2）100：101.

［2］商禹．风险导向审计在内部控制审计中的运用探究［J］．中国管理信息化，2019（8）：24－25.

［3］王小敏．内部审计对物资采购风险导向审计的初探［J］．纳税，2019（4）：229.

第十二章

［1］奕岚．高校财务内部控制体系建设探析［J］．商讯，2020（22）：25－27.

［2］葛倩．关于高校内部控制制度建设思考［J］．财会学习，2020（20）：187－189.

［3］孙莉．浅析高校财务核算管理中的问题与对策［J］．企业导报，2012（21）：60－61.

［4］赵瑞．基于内部控制视域下高校财务管理的分析［J］．企业科技与发展，2020（8）：116－117.

［5］李荣．论内部控制视角下高校财务管理［J］．中国市场，2020（26）：150－151.

［6］张瑾．基于内部控制视角对高校财务风险防范的探索研究［J］．中国乡镇企业会计，2020（8）：193－194.